Le Petit Nicolas
et ses voisins

Le Petit Nicolas et ses voisins
Le Petit Nicolas, les personnages, les aventures et les éléments caractéristiques
de l'univers du Petit Nicolas sont une création de René Goscinny et de Jean-Jacques Sempé.

IMAV éditions
163, rue du Faubourg-Saint-Honoré, 75008 Paris
contact@imaveditions.com
www.petitnicolas.com
www.facebook.com/Lepetitnicolas

René Goscinny

Jean-Jacques Sempé

Le Petit Nicolas et ses voisins

IMAV éditions

Nicolas
« C'est chouette ! »

Clotaire
« C'est le dernier de la classe.
Quand la maîtresse l'interroge,
il est toujours privé de récré. »

Alceste
« C'est mon meilleur copain,
un gros qui mange
tout le temps. »

Agnan
« C'est le premier de la classe
et le chouchou de la maîtresse,
nous on ne l'aime pas trop. »

Geoffroy
« Il a un papa très riche qui
lui achète tout ce qu'il veut. »

Rufus
« Il a un sifflet à roulette
et son papa est policier. »

Eudes
« Il est très fort et il aime bien
donner des coups de poing
sur le nez des copains. »

Joachim
« Il aime beaucoup jouer aux billes.
Et il faut dire qu'il joue très bien ;
quand il tire, bing ! il ne rate presque jamais. »

Marie-Edwige
« Marie-Edwige est très chouette,
je crois que l'on va se marier
plus tard. »

Papa

« Papa, il sort plus tard de son bureau que moi de l'école, mais il n'a pas de devoirs. »

Maman

« Moi, j'aime rester à la maison, quand il pleut et qu'il y a du monde, parce que maman prépare des tas de choses chouettes pour le goûter. »

Mémé

« Elle est gentille mémé, elle me donne des tas de choses et tout ce que je dis la fait rire beaucoup. »

M. Blédurt

« C'est notre voisin, il aime bien taquiner papa. »

Le Bouillon

« C'est notre surveillant, on l'appelle comme ça parce qu'il dit tout le temps : “Regardez-moi bien dans les yeux” et dans le bouillon, il y a des yeux. C'est les grands qui ont trouvé ça. »

La maîtresse

« La maîtresse, elle est si gentille et si jolie quand nous ne faisons pas trop les guignols. »

Sommaire

DEMENAGEMENTS
VAN DEN PLUIG

Les nouveaux voisins

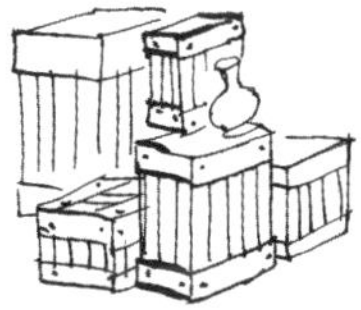

DEPUIS CE MATIN, nous avons des nouveaux voisins !

Nous avions déjà un voisin, M. Blédurt, qui est très gentil et qui se dispute tout le temps avec papa, mais de l'autre côté de notre maison, il y avait une maison vide qui était à vendre. Papa, il profitait que personne n'habitait cette maison pour jeter par-dessus la haie les feuilles mortes de notre jardin et aussi, quelquefois, des papiers et des choses. Comme il n'y avait personne, ça ne faisait pas d'histoires, pas comme la fois où papa a jeté une épluchure d'orange dans le jardin de M. Blédurt, et M. Blédurt n'a pas parlé à papa pendant un mois. Et puis, la semaine dernière, maman nous a dit que la crémière lui avait dit que la maison à côté avait été vendue à un M. Courteplaque, qui était chef du rayon des chaussures aux magasins du « Petit Épargnant », troisième étage, qu'il était marié à une dame qui aimait bien jouer du piano, et qu'ils avaient une petite fille de mon âge. À part ça, la crémière ne savait rien, elle avait seulement appris que c'était Van den Pluig et Compagnie qui s'occupait du déménagement et que ça allait se passer dans cinq jours, c'est-à-dire aujourd'hui.

« Les voilà ! Les voilà ! », j'ai crié quand j'ai vu le gros camion de déménagement avec Van den Pluig écrit sur tous les côtés. Papa et maman sont venus voir à la fenêtre du salon avec moi. Derrière le camion, il y avait une auto, d'où sont sortis un monsieur avec des tas de gros sourcils au-dessus des yeux, une dame avec une robe à fleurs, qui portait des paquets et une cage à oiseau, et puis une petite fille, grande comme moi, qui tenait une poupée. « Tu as vu comment elle est attifée, la voisine ? a dit maman à papa, on dirait qu'elle s'est habillée avec un rideau ! » « Oui, a dit papa, je crois que leur voiture est du modèle antérieur à la mienne. » Les déménageurs sont descendus de leur camion, et pendant que le monsieur allait ouvrir la porte du jardin et de la maison, la dame expliquait des choses aux déménageurs, en faisant des gestes avec sa cage à oiseau. La petite fille, elle sautait tout autour de la dame, et puis la dame lui a dit quelque chose, alors la petite fille a cessé de sauter.

« Je peux sortir dans le jardin ? », j'ai demandé. « Oui, m'a dit papa, mais ne dérange pas les nouveaux voisins. » « Et ne les regarde pas comme des bêtes curieuses, a dit maman, il ne faut pas être indiscret ! », et puis elle est sortie avec moi, parce qu'elle a dit qu'il fallait absolument qu'elle arrose ses bégonias. Quand nous sommes arrivés dans le jardin, les déménageurs étaient en train de sortir des tas de meubles du camion et de les mettre sur le trottoir, où se trouvait M. Blédurt qui nettoyait sa voiture, et ça, ça m'a étonné, parce que quand M. Blédurt nettoie sa voiture, il le fait dans son garage. Surtout quand il pleut, comme aujourd'hui.

« Attention à mon fauteuil Louis XVI ! criait la dame, couvrez-le pour qu'il ne mouille pas, la tapisserie est de très grande valeur ! » Et puis les déménageurs ont sorti un gros piano qui avait l'air drôlement lourd. « Allez-y doucement ! a crié la dame, c'est un Dreyel de concert. Il coûte très cher ! » Un qui ne devait pas rigoler, c'était l'oiseau, parce que la dame bougeait la cage tout le temps. Et puis, les déménageurs ont commencé à emporter les meubles dans la maison, suivis de la dame qui leur expliquait tout le temps qu'il ne fallait rien casser, parce que c'était des choses qui valaient beaucoup d'argent. Ce que je n'ai pas compris, c'est pourquoi elle criait tellement fort, c'était peut-être parce que les déménageurs n'avaient pas l'air d'écouter et qu'ils rigolaient entre eux.

Et puis, je me suis approché de la haie, et j'ai vu la petite fille qui s'amusait à sauter sur un pied et sur l'autre. « Salut, elle m'a dit, moi je m'appelle Marie-Edwige, et toi ? » « Moi je m'appelle Nicolas », je lui ai dit, et je suis devenu tout rouge, c'est bête. « Tu vas à l'école ? », elle m'a demandé. « Oui », j'ai répondu. « Moi aussi, m'a dit Marie-Edwige, et puis j'ai eu les oreillons. » « Tu sais faire ça ? », j'ai demandé, et j'ai fait une galipette, heureusement que maman ne regardait pas, parce que l'herbe mouillée ça fait des taches sur ma chemise. « Là où j'habitais avant, a dit Marie-Edwige, j'avais un copain qui pouvait en faire trois

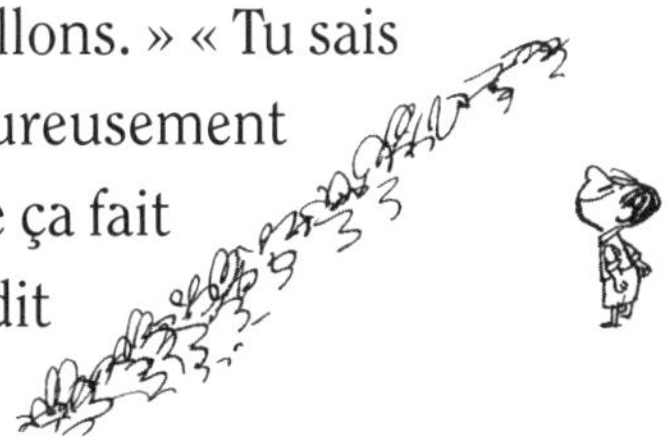

à la suite, des galipettes ! » « Bah ! j'ai dit, moi je peux en faire autant que j'en veux, tu vas voir ! » Et j'ai commencé à faire des galipettes, mais là je n'ai pas eu de chance, parce que maman m'a vu. « Mais, qu'est-ce que tu as à te rouler comme ça dans l'herbe ? a crié maman. Regarde-moi dans quel état tu t'es mis ! Et puis, on n'a pas idée de rester dehors par un temps pareil ! » Alors papa est sorti de la maison et il a demandé : « Qu'est-ce qui se passe ? » « Ben ! rien, j'ai dit, je faisais des galipettes, comme tout le monde. » « Il me montrait, a dit Marie-Edwige, c'est pas mal. » « Marie-Edwige ! a crié M. Courteplaque, qu'est-ce que tu fais dehors, près de la haie ? » « Je jouais avec le petit garçon d'à côté », a expliqué Marie-Edwige. Alors, M. Courteplaque est venu, avec ses gros sourcils, et il a dit à Marie-Edwige de ne pas rester dehors et d'entrer dans la maison pour aider sa maman. Papa, il s'est approché de la haie avec un grand sourire : « Il faut excuser les enfants, il a dit papa, je crois que c'est le coup de foudre. » M. Courteplaque a remué les sourcils, mais il n'a pas rigolé. « C'est vous le nouveau voisin ? », il a demandé. « Hé ! hé ! a rigolé papa, pas exactement, le nouveau voisin c'est vous, hé ! hé ! » « Ouais, a dit M. Courteplaque, eh bien ! vous me ferez le plaisir de ne plus jeter vos cochonneries par-dessus la haie ! » Papa a cessé de rigoler et il a ouvert des grands yeux. « Parfaitement, a continué M. Courteplaque, mon jardin n'est pas un dépotoir pour vos saletés ! » Ça, ça ne lui a pas plu, à mon papa. « Dites donc, il a dit papa, vous le prenez sur un drôle de ton, je veux bien que vous soyez énervé par le déménagement, mais tout de même… » « Je ne suis pas énervé, a crié M. Courteplaque,

et je le prendrai sur le ton que je voudrai, mais si vous ne voulez pas d'histoires, cessez de considérer cette propriété comme une poubelle, c'est incroyable, à la fin ! » « Vous n'avez pas à le prendre de haut, avec votre vieille guimbarde et vos meubles minables, non mais sans blague ! », a crié papa. « Ah ! c'est comme ça ? a demandé M. Courteplaque, eh bien ! nous verrons. En attendant, je vous rends votre dû ! » Et puis, M. Courteplaque s'est baissé et il a commencé à envoyer dans notre jardin des tas de feuilles mortes, des papiers et trois bouteilles, et puis il est parti dans sa maison.

Papa est resté avec la bouche ouverte, et puis il s'est tourné vers M. Blédurt qui était sur le trottoir, toujours en train de frotter sa voiture, et il lui a dit : « Non mais, t'as vu ça, Blédurt ? » Alors M. Blédurt a fait une toute petite bouche et il a dit : « Oui, j'ai vu. Depuis que tu as un nouveau voisin, moi je n'existe plus. Oh ! j'ai compris. » Et il parti dans sa maison à lui.

Il paraît que M. Blédurt est jaloux.

La bonne surprise

PAPA EST ENTRÉ DANS LA MAISON avec un gros sourire.

« Ma petite famille va être contente, il a dit, j'ai une bonne surprise pour elle. Regardez par la fenêtre et dites-moi ce que vous voyez. » « Je vois un agent de police en train de mettre une contravention sur une auto verte », a dit maman. Alors papa n'a plus souri et il est sorti en courant. Maman et moi, nous l'avons suivi.

Papa était sur le trottoir, en train de parler avec un agent de police qui écrivait des tas de choses sur un petit papier bleu, avec le même air que le Bouillon, notre surveillant, quand il prend nos noms pour nous punir.

« Mais enfin, monsieur l'agent, disait papa, je ne comprends pas… » « Cette voiture est stationnée devant une sortie de garage », a répondu l'agent. « Mais, c'est mon garage, et c'est ma voiture ! », a crié papa. « Comment, ta voiture ? », a demandé maman. « Je t'expliquerai, a dit papa, tu vois bien que je suis occupé. » « Que ce soit votre garage ou pas, ça ne fait rien à l'affaire, a dit l'agent de police. Le Code de la route est formel à ce sujet. Vous connaissez le Code, je suppose ? » « J'aimerais tout de même que tu me dises ce que c'est que cette voiture ! », a crié maman. « Je le connais très bien, le Code. Je conduis depuis des années, et je vous préviens que j'ai des amis très haut placés ! », a dit papa. « Eh bien ! tant mieux, a dit l'agent de police, peut-être qu'ils vous prêteront de l'argent pour payer cette contravention. En attendant, vous leur donnerez bien le bonjour. » L'agent a rigolé et il est parti.

Papa, il est resté, tout rouge, avec son petit papier bleu. « Alors ? », a demandé maman, qui avait l'air nerveuse. « Alors, a dit papa, j'ai échangé notre vieille voiture contre celle-ci. J'ai voulu vous faire une bonne surprise, à toi et à Nicolas,

mais ça commence mal ! » Maman s'est croisé les bras, et il faut qu'elle soit très fâchée pour faire ça. « Comment ? elle a dit, tu fais un achat de cette importance sans même me consulter ? » « Si je t'avais consultée, ça n'aurait plus été une surprise », a dit papa. « Oh ! je sais, a dit maman. Je ne suis pas assez intelligente pour te conseiller au sujet de l'achat d'une voiture. Les femmes, ça ne sert qu'à faire la cuisine. N'empêche que, quand tu vas seul chez le tailleur pour t'acheter un costume, c'est du joli ! Souviens-toi du rayé ! » « Qu'est-ce qu'il avait, le rayé ? », a demandé papa. « Rien, si ce n'est que je n'en voudrais même pas comme toile à matelas ! Et il fait des plis ! Et puis tu aurais pu au moins me consulter pour la couleur de la voiture. Ce vert est horrible. D'ailleurs, tu sais bien que je ne supporte pas le vert ! », a dit maman. « Depuis quand ? », a demandé papa. « Ce n'est pas la peine de faire le malin. Je retourne dans ma cuisine, puisque je ne suis bonne qu'à ça ! », a répondu maman, et elle est partie. « Eh bien ! moi qui voulais lui faire plaisir, c'est gagné », a dit papa, et puis il m'a dit de ne pas me marier, et moi je suis d'accord, sauf avec Marie-Edwige, une voisine qui est chouette.

« Qu'est-ce que c'est que ce vacarme ? », a demandé M. Blédurt qui était venu près de nous sans qu'on le voie. M. Blédurt, c'est un voisin qui se fâche tout le temps avec papa. Papa s'est retourné d'un coup. « Ah ! ça m'aurait étonné que tu ne viennes pas fouiner, toi ! » « C'est quoi, ça ? », a demandé M. Blédurt, en montrant la voiture du doigt. « C'est ma nouvelle voiture, a répondu papa, je peux ? » M. Blédurt a tourné autour de l'auto et il a mis sa lèvre d'en bas très en avant. « Drôle d'idée d'acheter ça, a dit M. Blédurt, tout le monde sait que c'est un veau, et que ça ne tient pas la route. » Papa a rigolé. « Ouais, il a dit, c'est comme la fable du renard et des raisins, ils sont trop verts. » Je la connais cette fable, c'est l'histoire d'un renard qui veut manger des raisins, mais comme ils sont trop verts, il ne peut pas y arriver, alors, il s'en va chercher autre chose à manger sur un autre arbre. On a appris la fable la semaine dernière à l'école et j'ai eu trois, mais aussi, quand Alceste a la bouche pleine, on ne comprend rien à ce qu'il souffle. « Ça, pour être trop verts, ils sont trop verts, a dit M. Blédurt en rigolant. On dirait un plat d'épinards, ta guimbarde ! » « Je te signale, espèce d'ignare, a dit papa, que cette couleur, émeraude limpide, est la teinte à la mode. Quant à ma guimbarde, comme tu dis, si elle ne te plaît pas, ça n'a aucune importance. Tu ne monteras jamais dedans, moi vivant ! » « Si tu veux rester vivant, n'y monte pas non plus, a dit M. Blédurt, à vingt à l'heure, dans un virage, elle fait des tonneaux. » « Et mon poing sur ta grosse figure de jaloux, a demandé papa, tu le veux ? » « Essaye seulement », a dit M. Blédurt. « Ah ! oui ? » a demandé papa, « oui », a répondu M. Blédurt, et ils ont commencé à se pousser l'un l'autre, comme ils font souvent pour rigoler. Pendant qu'ils étaient occupés à faire les guignols, moi je suis monté dans l'auto pour voir comment c'était dedans. C'était chouette, c'était tout neuf, et ça sentait drôlement bon. Je me suis mis au volant et j'ai fait vroum, vroum. Je vais demander à papa de m'apprendre à conduire. Ce qui est embêtant, c'est que les pédales sont trop basses pour mes pieds.

« Nicolas ! » a crié papa. Moi, ça m'a fait tellement peur que j'ai klaxonné avec le genou. « Veux-tu descendre de là tout de suite, a dit papa, qui t'a permis ? »

« Je voulais voir comment c'était dedans, j'ai dit, je ne savais pas que tu avais fini avec M. Blédurt ! », et je me suis mis à pleurer. Maman est sortie en courant de la maison. « Qu'est-ce qui se passe ici ? elle a demandé. Tu te bats avec les voisins, tu fais pleurer le petit, tout ça à cause de cette voiture que tu as achetée sans me consulter. » « On le saura, a dit papa. Et je me demande comment tu as pu voir tout ça de la fenêtre de la cuisine qui est de l'autre côté de la maison. » « Oh ! », a dit maman, et elle s'est mise à pleurer, en disant qu'elle n'avait jamais entendu quelque chose d'aussi vexant de sa vie, et qu'elle aurait dû écouter sa maman à elle, qui est ma mémé, et qu'elle était très malheureuse. Comme je pleurais aussi, ça faisait un drôle de bruit, et puis on a vu arriver l'agent de police.

« Je parie que c'est vous qui avez klaxonné », il a dit, et il a sorti son petit carnet. « Non, monsieur, j'ai dit, c'est moi qui ai klaxonné. » « Nicolas ! Tais-toi ! », a crié papa. Alors je me suis remis à pleurer, c'est vrai, quoi, c'est pas juste à la fin, et maman m'a pris par la main et m'a emmené dans la maison. En partant, j'ai entendu l'agent de police qui disait à papa : « Et vous êtes toujours sur la sortie de garage. Bravo ! Comme ça vous aurez des tas de choses à leur raconter, à vos amis haut placés ! »

À l'heure du dîner, papa n'était toujours pas sorti du garage où il était avec l'auto. Alors, ça nous a fait de la peine, à maman et à moi, et nous sommes allés le chercher. Maman a dit à papa qu'après tout, elle n'était pas si mal, la couleur de l'auto, et moi j'ai dit que ça sera amusant de faire des tonneaux dans les virages. Et papa a été très content, parce qu'il a vu que nous lui avions pardonné.

« Tuuuuut ! »

Hier soir, après que je sois rentré de l'école et que j'aie goûté, il y avait des petits pains beurrés, on a sonné à la porte. Je suis allé ouvrir et j'ai vu une grosse boîte, et derrière la grosse boîte, mon ami Alceste qui est gros aussi. « Qu'est-ce que tu fais là, Alceste ? », je lui ai demandé. Alceste m'a dit qu'il venait jouer avec moi et qu'il avait apporté son train électrique et que son papa lui avait permis de venir et de rester jusqu'au dîner. Je suis allé demander la permission à maman, qui m'a dit qu'elle voulait bien mais qu'il fallait que nous soyons bien sages « et montez dans la chambre et que je ne vous entende pas ».

Moi, j'étais drôlement content, parce que j'aime jouer au train électrique, et puis parce qu'Alceste, c'est un copain. On se connaît depuis qu'on était tout petits, ça va faire des tas de mois. Je ne l'avais jamais vu, le train électrique d'Alceste, c'est le Père Noël qui le lui a apporté, et depuis Noël je ne suis pas allé chez Alceste, mais avec une boîte aussi grosse, j'étais sûr que le train serait chouette. Même que j'ai dû aider Alceste à la monter, la boîte, parce qu'à la troisième marche de l'escalier, Alceste soufflait tellement que j'ai eu peur que le train n'arrive pas jusqu'à ma chambre.

Quand nous sommes arrivés, Alceste a mis la boîte par terre et il l'a ouverte. Il a commencé par en sortir trois sandwichs, il faut vous dire qu'Alceste aime beaucoup manger. Et puis, en dessous des sandwichs, c'était terrible. Des rails, des tas de rails, avec des aiguillages, des croisements et des rails qui tournent, et puis une gare, et puis un passage à niveau, et puis deux vaches, et puis un tunnel, et puis un sandwich au jambon qui était tombé dans le tunnel. Dans une boîte à part, il y avait le train lui-même, avec la locomotive verte, deux wagons de passagers, un wagon de marchandises, un autre pour transporter des bouts de bois, et puis un wagon-restaurant comme celui qu'il y a dans le train quand nous partons en vacances, mais on n'y va pas parce que maman prépare des bananes, des œufs durs et du saucisson, et papa dit que c'est meilleur que ce qu'ils vous servent, et il se dispute avec le monsieur qui vend des orangeades parce qu'il dit que c'est tiède, mais c'est chouette parce qu'il y a des pailles.

« Alors, voilà, a dit Alceste en mangeant son premier sandwich, nous allons mettre les rails ici, et puis ça va tourner là-bas, après on les fait passer sous le lit et sous l'armoire. Ici, on va mettre le tunnel, la gare là-bas, avec le passage à niveau, et les deux vaches ici. » « Si on mettait une des vaches là ? », j'ai demandé. « À qui il est le train, à toi ou à moi ? », a dit Alceste. Là, il avait raison, alors nous avons mis les vaches où avait décidé Alceste, qui a bien de la chance que le Père Noël lui fasse des cadeaux comme ça, parce qu'après tout, il n'a jamais été tellement sage, Alceste, et on le punit plus souvent que moi, et je suis moins mauvais élève que lui, et je suis beaucoup plus gentil qu'Alceste, et ce n'est pas juste, et je lui ai donné une claque. Alceste m'a regardé, étonné ; il était rigolo parce qu'avec la claque, le sandwich qu'il était en train de manger avait glissé et il avait du beurre jusqu'à l'oreille, et il m'a donné un coup de pied sur la jambe. Moi, j'ai crié et maman est entrée. « Vous jouez gentiment ? », a demandé maman. « Ben oui, quoi », a répondu Alceste. « Oh ! oui, maman, on s'amuse bien », j'ai dit, et c'était vrai, moi j'aime bien jouer avec mon copain Alceste. Maman nous a regardés, et puis elle a dit : « J'avais cru entendre… Bon, soyez sages. » Et elle est partie.

« J'espère que ta famille va nous laisser tranquilles, a dit Alceste, je ne peux pas rester très tard, il y a du pot-au-feu pour dîner ce soir, et c'est moi qui ai l'os à moelle. » On s'est dépêchés de tout installer, avec aussi la petite boîte électrique, là où il y a des boutons, et ça fait marcher le train tout seul. « Et l'accident, où on va le faire ? », j'ai demandé. C'est vrai, quand on joue au train électrique, ce qui est amusant, c'est de faire les accidents. « On pourrait enlever un rail sous le tunnel », a dit Alceste. Moi j'ai trouvé que c'était une drôlement bonne idée, et j'allais le faire, mais Alceste a préféré enlever le rail lui-même. « Bon, j'ai dit, moi, pendant ce temps, je vais mettre les wagons sur les rails », et puis je suis allé les chercher dans la boîte. « Touche pas, tu vas tout casser ! », a crié Alceste en mettant plein partout des petits morceaux de jambon du sandwich qu'il était en train de mâcher.

« C'est chez moi, ici, et j'ai le droit de toucher à ton train », je lui ai dit, à Alceste. « C'est peut-être chez toi, mais le train est à moi, alors, lâche ce wagon ! », a dit Alceste, et je lui ai donné un coup de wagon de passagers sur la tête, et lui il m'a donné un coup de wagon-restaurant. On était là à se donner des coups de wagons quand papa est entré dans ma chambre en faisant de gros yeux.

« Tu vois qu'ils nous dérangent tout le temps ! », a dit Alceste. Papa est resté la bouche ouverte en regardant Alceste. « Nous sommes en train de jouer, j'ai expliqué à papa, Alceste a amené son train électrique et maman a permis. » « Oui », a dit Alceste. « Ça t'écorcherait la bouche, Alceste, de me dire bonjour ? », a demandé papa. « Salut ! », a dit Alceste, et papa a poussé un gros soupir, et puis il a vu les rails et le train, et il a sifflé. « Dis donc, a dit papa, il est beau, ce train ! » « C'est le Père Noël qui l'a apporté à Alceste, j'ai dit à papa, l'année où j'ai été si sage. » Mais papa s'était assis par terre et il regardait le train, tout content.

« Quand j'avais votre âge, je voulais avoir un train comme ça, a dit papa, mais j'étais trop occupé à faire mes études, je n'avais pas le temps de jouer. » « Touchez pas trop à la gare, a dit Alceste, ça casse. Papa, il veut bien que j'amène mon train ici, pour jouer avec Nicolas, mais il ne veut pas qu'on casse. »

Papa a dit qu'il n'allait rien casser et qu'il allait nous montrer comment jouer au train électrique. « Passe-moi la locomotive et les wagons, a dit papa à Alceste, je vais les mettre sur les rails. » Alceste a regardé papa comme s'il lui avait mangé un sandwich, mais il lui a donné le train, parce qu'il est prudent, Alceste, il ne se bat jamais avec un plus grand que lui. « Attention au départ ! a crié papa avec une drôle de voix. En voituuuure ! Tuuuuut ! » Et puis il a appuyé sur les boutons et le train n'a pas bougé. « Eh bien ! qu'est-ce qui se passe ? » a demandé papa qui était tout déçu,

et puis il a regardé autour de lui et il s'est frappé le front. « Mes pauvres enfants, il a dit, vous n'aviez pas mis la prise ! Comment voulez-vous que ça marche ? Heureusement que je suis arrivé ! » Papa s'est mis à rigoler et puis il est allé mettre la prise. « Bon, il a dit, papa, maintenant ça va marcher. Tuuuuuut ! » Et il a appuyé sur les boutons, et ça a fait une chouette étincelle, et toutes les lumières se sont éteintes.

« Ça alors, a dit Alceste, ça fait comme chez nous. Moi je croyais que c'était l'électricité qui ne marchait pas à la maison, mais papa m'a dit d'essayer chez un copain, que je verrais bien que c'était le train qui marchait mal. Il avait raison, papa. » Mon papa à moi, il ne disait rien. Il était assis par terre et il regardait Alceste sans bouger les yeux. « Bon, a dit Alceste, il faut que je rentre, maman n'aime pas que je sois dehors quand il commence à faire noir. Salut ! »

Maman et moi, on a dîné avec des bougies sur la table, c'était chouette. Ce qui est dommage, c'est que papa n'était pas venu dîner avec nous. Il était resté assis dans ma chambre à bouder. Je ne croyais pas qu'il serait tellement déçu de ne pas voir marcher le train d'Alceste.

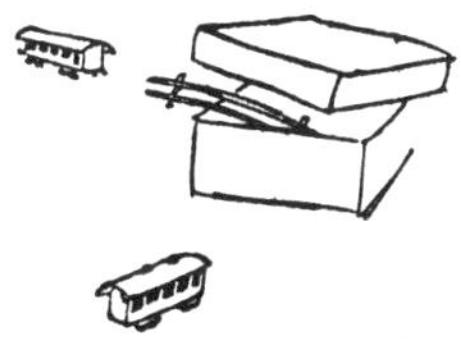

Les dames

MARIE-EDWIGE HABITE LA MAISON à côté de la nôtre ; ses parents sont M. et Mme Courteplaque ; elle a des cheveux jaunes, une figure rose, des yeux bleus ; elle est très chouette, et c'est une fille. Je ne la vois pas souvent, parce que M. et Mme Courteplaque ne sont pas très copains avec papa et maman, et aussi parce que Marie-Edwige est drôlement occupée : elle prend tout le temps des leçons de piano et de tout un tas de choses.

Alors j'ai été très content quand, aujourd'hui, après le goûter, Marie-Edwige m'a demandé de venir jouer avec elle dans son jardin. Je suis allé demander la permission à maman, qui m'a dit :

– Je veux bien, Nicolas, mais il faudra que tu sois bien gentil avec ta petite camarade. Je ne veux pas de disputes. Tu sais que Mme Courteplaque est très nerveuse, et il ne faut pas lui donner des prétextes pour se plaindre de toi.

J'ai promis, et je suis allé en courant dans le jardin de Marie-Edwige.

– À quoi on joue ? j'ai demandé.

– Ben, elle m'a répondu, on pourrait jouer à l'infirmière. Toi, tu serais très malade, et tu aurais très peur, alors moi, je te soignerais et je te sauverais. Ou, si tu préfères, ce serait la guerre, et toi tu serais blessé très gravement, alors moi je serais dans le champ de bataille, et je te soignerais, malgré le danger.

J'ai préféré le coup de la guerre, et je me suis couché dans l'herbe, et Marie-Edwige s'est assise à côté de moi et elle me disait :

– Oh ! la la ! Mon pauvre ami ! Dans quel état vous êtes ! Heureusement que je suis là pour vous sauver, malgré le danger. Oh ! là là !

Ce n'était pas un jeu très rigolo, mais je ne voulais pas faire d'histoires, comme m'avait dit maman. Et puis, Marie-Edwige en a eu assez de faire semblant de me soigner, et elle m'a dit qu'on pourrait jouer à autre chose, et moi j'ai dit : « D'accord ! »

– Si on faisait des courses ? m'a demandé Marie-Edwige. Le premier arrivé à l'arbre, là-bas, ce serait le vainqueur.

Ça, c'était chouette, surtout que je suis terrible au 100 mètres ; dans le terrain vague, je bats tous les copains, sauf Maixent, mais lui ça ne vaut pas, parce qu'il a des jambes très longues, avec des gros genoux. Le terrain vague n'a pas 100 mètres de long, mais on fait comme si.

– Bon, m'a dit Marie-Edwige, je vais compter jusqu'à trois. À trois, on part !

Et puis elle s'est mise à courir, et elle était presque arrivée à l'arbre quand elle a crié : « Un, deux, trois ! »

– J'ai gagné ! J'ai gagné…eu, elle a chanté.

Moi, je lui ai expliqué que, pour une course, il faut partir tous en même temps, sinon ce n'est pas une vraie course. Alors, elle a dit que d'accord, qu'on allait recommencer.

– Mais il faut me laisser partir un peu devant toi, m'a dit Marie-Edwige, parce que c'est mon jardin.

Alors, nous sommes partis en même temps, mais comme Marie-Edwige était beaucoup plus près de l'arbre que moi, elle a encore gagné. Après plusieurs courses, je lui ai dit que j'en avais assez, et Marie-Edwige m'a dit que je me fatiguais vite, mais qu'après tout, les courses, ce n'était pas tellement rigolo, et qu'on allait jouer à autre chose.

– J'ai des boules de pétanque, elle m'a dit. Tu sais jouer à la pétanque ?

Je lui ai répondu que j'étais terrible à la pétanque, et que je gagnais même contre les grands. C'est vrai, une fois, j'ai joué avec papa et avec M. Blédurt, qui est un autre de nos voisins, et c'est moi qui les ai battus ; ils rigolaient, ils rigolaient, mais moi je sais bien qu'ils n'avaient pas fait exprès de perdre ! Surtout M. Blédurt !

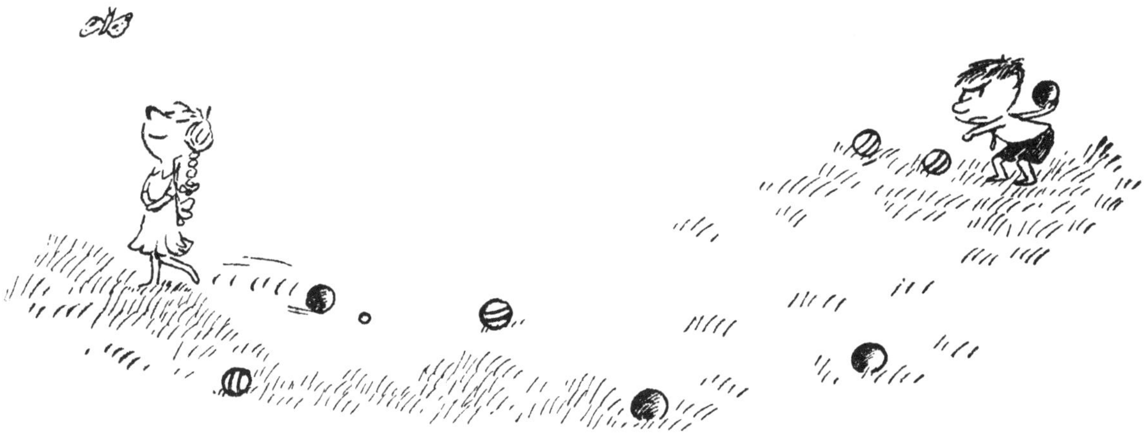

Marie-Edwige a apporté des chouettes boules en bois de toutes les couleurs.

– Je prends les rouges, elle a dit ; c'est moi qui jette le cochonnet, et c'est moi qui commence.

Elle a jeté le cochonnet, elle a jeté sa boule – pas terrible – et moi j'ai jeté la mienne, beaucoup plus près que la sienne.

– Ah ! non ! Ah ! non ! a dit Marie-Edwige. Ça vaut pas ; j'ai glissé. Je recommence.

Elle a jeté la boule de nouveau, mais elle a dit qu'elle avait encore glissé ; alors elle a recommencé, et sa boule est arrivée plus près du cochonnet que la mienne. Nous avons continué à jouer ; Marie-Edwige lançait ses boules plusieurs fois, et moi je commençais à avoir envie de rentrer à la maison, parce que jouer comme ça à la pétanque, ce n'est pas amusant, surtout si on n'a pas le droit de faire des histoires ; c'est vrai, quoi, à la fin, sans blague !

– Ouf ! a dit Marie-Edwige, si on jouait à quelque chose de moins fatigant ? Attends-moi, j'ai des jeux dans ma chambre, je vais les apporter !

J'ai attendu, et Marie-Edwige est revenue dans le jardin avec une grosse boîte en carton, pleine de choses dedans : il y avait des cartes, des jetons, des dés, une petite machine à coudre cassée, un jeu de l'oie (j'en ai trois à la maison), un bras de poupée et des tas et des tas de choses.

– Si on jouait aux cartes ? m'a dit Marie-Edwige. Tu sais jouer aux cartes ?

Moi, j'ai dit que je savais jouer à la bataille, et qu'à la maison quelquefois, je faisais des parties avec papa, et que c'était très chouette.

– Je connais un jeu beaucoup meilleur, m'a dit Marie-Edwige. C'est moi qui l'ai inventé. Tu vas voir, c'est très bien.

Il était très compliqué, le jeu de Marie-Edwige, et je ne l'ai pas très bien compris. Elle a donné des tas de cartes à chacun, et, elle, elle avait le droit de regarder dans mon jeu à moi, et d'échanger des cartes à elle contre des cartes à moi. Après, c'était un peu comme pour la bataille, mais en beaucoup plus compliqué, parce que, par exemple, il y avait des fois où, avec un trois, elle me prenait un roi. Il paraît qu'un trois de carreau, c'est plus fort qu'un roi de trèfle. Moi, je commençais à le trouver drôlement bête, le jeu de Marie-Edwige, mais je n'ai rien dit pour ne pas faire d'histoires surtout que Mme Courteplaque s'était mise à sa fenêtre pour nous regarder jouer.

Quand Marie-Edwige a gagné toutes mes cartes, elle m'a demandé si je voulais faire une autre partie, la revanche, mais moi je lui ai répondu que je préférais jouer à autre chose, que son jeu était trop difficile. Alors, j'ai cherché dans la grosse boîte, et, tout au fond, j'ai trouvé – devinez quoi ? – un jeu de dames ! Moi, je suis terrible aux dames ! Champion !

– On joue aux dames ! j'ai crié.

– Bon ! m'a dit Marie-Edwige ; mais je prends les blanches, et je commence.

On a mis le damier sur l'herbe, les pièces sur le damier, et Marie-Edwige a commencé. Je me suis laissé prendre deux pièces ; Marie-Edwige était drôlement contente, et puis, après, tac, tac, tac, je lui ai pris trois pièces.

Alors, Marie-Edwige m'a regardé, elle est devenue toute rouge ; elle a remué le menton comme si elle allait pleurer ; elle a eu les yeux pleins de larmes, elle s'est levée, elle a donné un grand coup de pied dans le damier, et elle est partie dans sa maison en criant :

– Sale tricheur ! Je ne veux plus te voir !

Je suis revenu à la maison, drôlement embêté, et maman, qui avait entendu les cris, m'attendait à la porte. Je lui ai raconté tout ce qui s'était passé. Alors maman a levé les yeux, elle a fait « Non ! » avec la tête et elle m'a dit :

– Tu es bien le fils de ton père ! Vous les hommes, vous êtes tous pareils !... Des mauvais joueurs !...

La trompette

COMME J'AVAIS FAIT TRÈS PEU DE BÊTISES cette semaine, papa m'a donné des sous et il m'a dit : « Va chez le marchand de jouets et achète-toi ce dont tu auras envie. » Alors, je suis allé et je me suis acheté une trompette.

C'était une chouette trompette qui faisait un bruit terrible quand on soufflait dedans. Je me disais, en revenant à la maison, que je m'amuserais bien et que papa serait content.

Quand je suis entré dans le jardin, j'ai vu papa qui était en train de tailler la haie avec des ciseaux. Pour lui faire une surprise, je me suis approché sans bruit, derrière lui, et j'ai soufflé très fort dans la trompette. Papa a crié, mais pas à cause de la trompette. Il a crié parce qu'il venait de se donner un coup de ciseaux dans les doigts.

Papa, il s'est retourné en se suçant un doigt. Il m'a regardé avec de gros yeux tout ronds : « Tu as acheté une trompette », il m'a dit et ensuite, il a dit encore, tout bas : « J'aurais dû m'en douter » et il est parti dans la maison pour soigner son doigt. Mon papa il est très, très gentil, mais il n'est pas adroit, c'est peut-être pour ça qu'il n'aime pas travailler dans le jardin.

Je suis entré dans la maison en soufflant dans la trompette. Maman est sortie de la cuisine en courant. « Qu'est-ce qu'il y a ? Qu'est-ce qu'il y a ? », elle a crié. Quand elle a vu ma trompette, elle n'était pas contente. « Où as-tu trouvé ça, elle m'a demandé, maman, qui est l'inconscient qui t'a donné ce jouet ? » Moi, j'ai répondu à maman que c'était papa qui m'avait acheté la trompette. Papa est entré à ce moment, il voulait que maman l'aide à attacher le bandage autour du doigt. Maman lui a dit qu'elle le félicitait pour sa bonne idée de m'acheter une trompette, mais mon papa, qui est très modeste, est devenu tout rouge et il a commencé à dire que les choses ne s'étaient pas passées exactement comme ça. Alors moi, j'ai dit que vraiment c'était une bonne idée et que je félicitais papa aussi. Et puis j'ai soufflé dans la trompette. Maman m'a demandé d'aller jouer dehors, qu'elle voulait parler à papa. Elle avait sans doute envie de le féliciter encore.

Je suis sorti dans le jardin, je me suis assis sous l'arbre et je me suis amusé à faire peur aux moineaux en soufflant dans la trompette. Le temps que papa ait fini de se faire féliciter, il n'y avait plus un seul oiseau dans le jardin. Comme j'aime bien les petits oiseaux, je me suis dit que le plus souvent possible, je jouerais dans la maison en fermant les fenêtres.

Il avait l'air très embêté, papa, quand il est sorti de la maison. « Nicolas, il m'a

dit, il faut que je te parle. » Moi, je lui ai demandé si c'était pressé, parce que je devais jouer avec la trompette. Dans la maison quelque chose s'est cassé, et ça, ça m'a étonné, maman est adroite, elle. Papa m'a dit que c'était très pressé, qu'il fallait qu'on parle d'homme à homme. « Parle fort, j'ai dit, comme ça je pourrai continuer à jouer de la trompette et je t'entendrai quand même. » Je ne voulais pas perdre de temps. « Nicolas ! », a crié papa qui, tout d'un coup, a eu l'air nerveux. Moi j'ai compris, papa avait envie de jouer avec la trompette et il n'osait pas me le demander. J'allais lui offrir la trompette après avoir soufflé dedans un bon coup, quand M. Blédurt, notre voisin, a passé la tête par-dessus la haie et il a crié : « C'est pas bientôt fini ce vacarme ? » M. Blédurt aime bien taquiner papa, mais là, il tombait mal, parce que papa, ce qu'il voulait surtout, c'était jouer de la trompette.

« On ne t'a pas sonné, Blédurt », qu'il a dit, mon papa. « Qu'est-ce qu'il te faut, a répondu M. Blédurt, la dernière fois qu'on m'a sonné comme ça, j'étais dans l'armée ! » « Dans l'armée ? Va donc, eh planqué ! », a dit mon papa en riant comme quand il n'est pas content du tout. Je ne sais pas ce que ça veut dire « planqué », mais ça n'a pas plu à M. Blédurt, qui a sauté par-dessus la haie et qui est entré dans notre jardin. « Planqué, moi ? il a demandé. J'ai fait la guerre, moi, pas comme d'autres que je connais ! » Moi j'aime bien quand M. Blédurt raconte ses histoires de guerre, une fois il m'a expliqué comment il a capturé, tout seul, un sous-marin plein d'ennemis. Mais, c'est dommage, il n'a pas raconté ses histoires, parce que papa et lui ont changé de conversation.

« Ah oui ? », a demandé papa. « Oui ! », a répondu M. Blédurt, et il a poussé papa, qui est tombé assis sur le gazon. M. Blédurt n'a pas attendu que papa se relève, il a sauté par-dessus la haie pour retourner chez lui et il a crié : « Et que je n'entende plus le bruit des jouets stupides que tu achètes à ton malheureux enfant ! »

Papa s'est relevé et il m'a dit : « Passe-moi ta trompette ! » J'avais raison, c'était bien ça que papa voulait, jouer avec la trompette. Je l'aime bien, papa, alors je lui ai prêté la trompette ; j'espérais seulement qu'il n'allait pas la garder trop longtemps, parce que moi, je n'avais pas fini de jouer.

Papa s'est approché de la haie qui sépare notre jardin et celui de M. Blédurt, il a avalé des tas d'air, il a retenu sa respiration et il a soufflé dans la trompette. Il a soufflé à en devenir rouge. C'était formidable ! Je n'aurais jamais cru que cette petite trompette pouvait faire ce gros bruit-là. Quand papa s'est arrêté pour se remettre à respirer, on a entendu des choses qui se cassaient chez les Blédurt, et la porte de leur maison s'est ouverte, et M. Blédurt est sorti en courant. En même temps, la porte de notre maison s'est ouverte aussi, et nous avons vu maman qui sortait en portant une valise, comme si elle partait en voyage. Papa, il a tourné la tête de tous les côtés : il avait l'air un peu étonné.

« Je vais chez maman », a dit maman. « Chez mémé ? j'ai demandé, je peux y aller aussi ? Je lui jouerai de la trompette et on s'amusera bien ! » Maman m'a regardé et elle s'est mise à pleurer. Papa voulait aller la consoler, mais il n'a pas eu le temps : M. Blédurt a sauté dans notre jardin. C'est une manie chez lui ; une fois, papa l'avait appelé et il avait mis une lessiveuse au pied de la haie ; nous avions bien rigolé quand M. Blédurt est tombé dedans. Mais là, on ne rigolait pas :

M. Blédurt, ce qu'il voulait, c'était de jouer aussi avec la trompette. « Donne-moi cette trompette ! », il a crié . Papa a refusé. « Avec cet instrument, a dit M. Blédurt, tu as fait peur à ma femme, elle a laissé tomber toute une pile d'assiettes ! » « Bah ! a dit papa, au prix où tu les paies, ces assiettes, ce n'est pas une grande perte. Et puis, va-t'en, ceci est une affaire de famille. »

M. Blédurt a répondu que ce n'était plus une affaire de famille, avec tout ce bruit, c'était devenu une affaire de quartier. Il avait raison, M. Blédurt : des fenêtres des maisons, il y avait des tas de gens qui regardaient et qui faisaient « chut !... ».

« Tu me la donnes, la trompette », a dit M. Blédurt, qui voulait absolument jouer. « Viens la prendre », a dit papa, qui est gentil. Mais, pour s'amuser, papa faisait semblant de ne pas vouloir la lâcher, la trompette. Ils ont tiré chacun de leur côté et, finalement, à faire les guignols, ils ont réussi à la faire tomber par terre, et puis papa a poussé M. Blédurt, qui est tombé sur la trompette. Quand je suis allé la ramasser, la trompette était toute plate. Il n'y avait plus moyen de jouer.

Alors, je me suis mis à pleurer. C'est vrai, quoi, s'ils voulaient tous jouer de la trompette, ils n'avaient qu'à en acheter, des trompettes !…

Comme je pleurais beaucoup, papa, maman et M. Blédurt ont voulu me consoler. Maman, elle disait : « Il s'achètera un autre jouet, mon grand garçon. » Et papa disait : « Allons, allons, allons, allons… » et M. Blédurt a sauté dans son jardin en se frottant le pantalon, parce que ça a dû lui faire mal de tomber sur la trompette.

Maintenant, tout est arrangé. Avec les sous que m'a donnés maman, je me suis acheté un tambour, mais je ne sais pas si on s'amusera autant qu'avec la trompette.

AUTO
ECOLE

Maman va à l'école

Nous étions dans le salon, après dîner, et maman a levé la tête de son tricot, et elle a dit à papa :

– Chéri, j'ai eu une idée aujourd'hui : pourquoi est-ce que je n'apprendrais pas à conduire ? Comme ça, je pourrais me servir de la voiture, au lieu de la laisser moisir au garage.

– Non, a dit papa.

– Mais enfin, pourquoi ? a demandé maman. Toutes mes amies conduisent : Clémence et Bertille ont même leur petite voiture. Il n'y a absolument pas de raison pour que…

– Je vais me coucher, a dit papa. J'ai eu une journée terrible, au bureau.

Et il est parti.

Le lendemain, on était en train de dîner ; il y avait un chouette gâteau au chocolat, et ça, ça m'a étonné, parce qu'on était mardi, et le mardi c'est la compote ; et maman a dit à papa :

– Tu as réfléchi, au sujet de la voiture ?

– Quelle voiture ? a demandé papa.

– Tu sais bien, voyons, a dit maman. Nous en avons discuté hier... Non, non, laisse-moi parler, tu me répondras après...

Maman a servi encore du gâteau à papa, et elle a dit :

– Tu comprends, si je savais conduire, je pourrais aller te chercher à ton bureau, le soir ; ça t'éviterait de prendre ces autobus bondés, qui te fatiguent tellement. Et puis, pour le petit, quand il pleut, je pourrais l'emmener à l'école, comme ça il ne nous ferait plus toutes ces angines...

– Oh ! chic ! j'ai crié. Et puis on pourrait emmener les copains, aussi !

– Mais bien sûr, a dit maman. Et pour faire les courses, en une seule fois je pourrais acheter tout ce dont j'ai besoin pour la semaine ; et quand nous partons en vacances, tu sais comme tu as envie de dormir, après le déjeuner ; eh bien, je pourrais prendre le volant ; et puis tu sais, je suis très prudente. Je sais, je sais ce que tu vas me répondre : l'accident de Mme Blédurt. Mais enfin, tu connais Mme Blédurt ; c'est une femme adorable, mais elle est très tête en l'air. D'ailleurs, même si l'assurance n'est pas d'accord, elle m'a expliqué que ce n'était vraiment pas elle qui était en tort...

– La maman de Rufus conduit la voiture du père de Rufus, j'ai dit, et Rufus m'a dit qu'elle est terrible.

Alors, maman s'est levée, elle est allée embrasser papa, qui a rigolé, elle m'a embrassé moi et elle nous a donné du gâteau à tous les deux.

– Eh ! a dit papa. Je n'ai pas encore dit oui !

Le lendemain soir, à la maison, papa ne disait rien et maman avait les yeux tout rouges et gonflés. Moi, je mangeais la compote sans faire de bruit, parce que j'ai vu que ce n'était pas le moment de faire le guignol. Et puis papa a fait un gros soupir, et il a dit à maman :

– Écoute, bon, d'accord. Je me suis peut-être un peu énervé, cet après-midi, mais qu'est-ce que tu veux ? Tu n'es pas douée pour ce genre d'exercice, voilà tout.

– Ah ! pardon, a dit maman. Pardon, pardon ; Mme Blédurt m'avait prévenue, ne jamais apprendre à conduire avec son mari ! Tu t'énerves, tu as peur pour ta voiture, tu cries, alors, bien sûr, moi je perds mes moyens ! Pour apprendre, il faut aller dans une auto-école.

– Quoi ? a crié papa. Mais tu te rends compte combien ça coûte, ce genre de plaisanterie ? Non, non, non et non !

– Va te coucher, Nicolas, m'a dit maman. Demain, il y a école.

Le lendemain soir, maman était drôlement contente.

– Ça a très bien marché, chéri, elle a dit à papa. Le moniteur m'a dit que j'avais une très bonne tenue de volant. Au début, j'avais un peu peur, mais après, j'ai commencé à m'amuser. C'est vrai, c'est amusant de conduire ! Demain, on va passer la troisième.

Moi, j'étais bien content que maman apprenne à conduire, parce que ce sera rigolo qu'elle m'emmène à l'école, avec tous les copains, et puis, le soir, qu'on aille chercher papa, et peut-être, quand on sera tous ensemble dans l'auto, au lieu de retourner à la maison, on ira au restaurant, et puis après au cinéma. Ce qui est embêtant, c'est que maman revenait quelquefois très énervée de ses leçons, comme la fois où elle n'avait pas réussi à se garer et où, à la maison, tout le monde était fâché et le dîner n'était pas prêt.

Le soir où maman pleurait à cause du démarrage en côte, papa s'est mis à crier qu'il en avait assez, que non seulement ça lui coûtait cher, mais que la vie à la maison devenait impossible et qu'il valait mieux tout laisser tomber.

– Tu seras bien content quand je viendrai te chercher au bureau, a dit maman. Et aussi quand tu ne seras plus obligé de promener ma mère.

Et puis, un soir, maman nous a dit qu'elle devait passer son permis dans une semaine, et que le moniteur a dit qu'il serait plus prudent de prendre des leçons jusqu'au dernier jour.

– Ben, voyons ! a dit papa. Il n'est pas fou, ton moniteur !

Le dernière semaine, à la maison, on n'a pas rigolé, parce que maman était de plus en plus énervée, et papa aussi, et il y a même eu une fois où papa est parti en claquant la porte de la maison, mais il est revenu tout de suite parce qu'il pleuvait. Et puis, la vieille de l'examen, ça a été terrible. On a dîné très vite – pour le dessert, il y avait le restant de compote de midi – et après, dans le salon, maman a repassé ses leçons.

– Mais enfin, a crié papa, qu'est-ce qu'on t'apprend dans cette auto-école ? Tu ne connais vraiment pas ce panneau ?

– Je t'ai déjà dit, a crié maman, que quand tu cries, je ne peux plus penser. Bien sûr que je sais ce que c'est, ce panneau, mais je ne m'en souviens pas maintenant. Voilà !

– Ah ! bravo ! a dit papa. J'espère que tu auras un examinateur suffisamment compréhensif pour admettre ce genre de raisonnement !

– C'est le panneau qui annonce qu'il y a des rails de train, j'ai dit.

– Nicolas ! a crié maman. Je ne t'ai rien demandé ! D'abord, tu devrais être au lit ! Il y a école, demain !

Alors, moi je me suis mis à pleurer, parce que c'est vrai, quoi, à la fin, sans blague, c'était pas juste, et c'était bien le panneau qui annonçait les rails de train, et au lieu de me féliciter, on veut que j'aille au lit, et papa a dit à maman que ce n'était pas une raison pour crier après le petit, et maman s'est mise à pleurer en disant qu'elle en avait assez, assez, assez, et qu'elle préférait ne pas se présenter à l'examen, et que de toute façon elle n'était pas prête, et qu'elle devait prendre encore des tas de leçons, et qu'elle n'en pouvait plus.

Papa a levé les bras vers le plafond, il a tourné autour de la table du salon, et puis il a demandé à maman de se calmer, il lui a dit que allons, allons, que bien sûr qu'elle était prête, que tout allait très bien se passer, que ses copains allaient en faire une tête quand elle viendrait le chercher au bureau, et que nous allions être drôlement fiers d'elle. Alors, maman a rigolé en pleurant, elle a dit qu'elle était bête, elle m'a embrassé, elle a embrassé papa, papa est allé chercher le livre de l'auto-école, qui était tombé derrière le canapé, et moi je suis allé me coucher.

Le lendemain matin, j'étais drôlement impatient, à l'école, parce que maman devait passer son examen à dix heures, et les copains étaient impatients aussi, parce que je les avais prévenus pour le coup que maman les emmènerait à l'école, et puis, quand la cloche a sonné, je suis parti en courant à la maison, et quand je suis arrivé, j'ai vu papa et maman qui rigolaient, et qui buvaient l'apéritif, comme quand il y a des invités. Maman était toute rose, et j'aime bien la voir comme ça, quand elle est très contente.

– Embrasse ta mère, m'a dit papa. Elle a passé brillamment son examen ; elle a été reçue du premier coup !

– Chouette ! j'ai crié.

Et je suis allé embrasser maman, qui m'a montré le papier qui disait qu'elle avait réussi à avoir son permis, et elle nous a expliqué que sur vingt qui se présentaient, il n'y en avait eu que neuf qui avaient réussi.

– Ouf ! a dit papa. En tout cas, nous sommes bien contents que ce soit fini. Pas vrai, Nicolas ?

– Oh ! oui ! j'ai dit.

– Et moi, donc ! a dit maman. Vous ne pouvez pas savoir ce que j'ai souffert ! Mais maintenant que c'est terminé, je peux vous dire une chose : plus jamais je ne conduirai une auto !

La rédaction

Papa est arrivé à la maison, il a embrassé maman, il m'a embrassé, il a dit que « olala ! il avait eu une journée très dure à son bureau », il a mis ses pantoufles, il a pris son journal, il s'est assis dans son fauteuil et moi, je lui ai dit qu'il devait m'aider à faire mes devoirs.

« Non, non et non ! », a crié papa. Comme il fait quand il n'est pas d'accord avec quelque chose, il a jeté son journal par terre et il a dit que c'était incroyable qu'un homme ne puisse pas avoir un peu de repos chez lui. Alors, je me suis mis à pleurer. Maman est venue en courant de la cuisine et elle a demandé ce qui se passait. Moi, j'ai dit que j'étais bien malheureux, que personne ne m'aimait, que je partirais très loin, très loin, qu'on me regretterait beaucoup et toutes sortes de choses que je dis d'habitude quand je ne suis pas content.

Maman est retournée dans la cuisine en disant à papa qu'il se débrouille pour me calmer, qu'elle était en train de préparer un soufflé et qu'il lui fallait du silence. Moi, j'étais bien curieux de voir comment papa s'y prendrait pour me calmer !

Il s'y est très bien pris, papa. Il m'a mis sur ses genoux, il m'a essuyé la figure avec son grand mouchoir, il m'a dit que son papa à lui ne l'aidait jamais à faire ses devoirs, mais enfin que lui, pour la dernière fois, il voulait bien. Il est chouette, mon papa !

Nous nous sommes installés sur la petite table du salon.

– Alors, m'a demandé papa, qu'est-ce que c'est que ce fameux devoir ?

Je lui ai répondu que c'était une rédaction : « L'amitié ; décrivez votre meilleur ami. »

– Mais c'est très, très intéressant, ça, a dit papa, et puis je suis très fort en rédaction, mes professeurs disaient qu'il y avait du Balzac en moi.

Je ne sais pas pourquoi les professeurs disaient ça à papa, mais ça devait être très bien, parce que papa avait l'air d'en être très fier.

Papa m'a dit de prendre la plume et de commencer à écrire.

– Soyons organisés, a dit papa. D'abord, qui est ton meilleur ami ?

– J'ai des tas de meilleurs amis, j'ai répondu à papa. Les autres, c'est pas des amis du tout.

Papa m'a regardé comme s'il était un peu étonné, il a dit : « Bon, bon », et il m'a demandé de choisir un meilleur ami dans le tas et d'inscrire les qualités que j'aimais en lui. Ça nous servirait de plan pour la rédaction, après, ce serait facile. Alors, moi, j'ai proposé à papa Alceste, qui peut manger tout le temps et qui n'est jamais malade. C'est le plus gros de mes amis, il est très chouette. Après Alceste, j'ai parlé à papa de Geoffroy, qui a des tas de qualités intéressantes : son papa est très riche et il lui achète des jouets, et Geoffroy les donne quelquefois aux copains pour finir de les casser. Il y a Eudes, qui est très fort et qui donne beaucoup de coups de poing, mais seulement aux amis, parce qu'il est très timide. Il y a aussi Rufus, qui a, comme les autres, beaucoup de qualités : il a un sifflet à roulette et son papa est agent de police. Et puis il y a Maixent, qui court très vite, et qui a des gros genoux sales. Et puis, il y a Joachim, qui n'aime pas prêter des choses, mais qui a toujours des tas de sous sur lui pour acheter des caramels ; et nous on le regarde manger. Et puis je me suis arrêté, parce que papa me regardait avec des yeux ronds.

– Ça va être plus difficile que je le pensais, a dit papa.

On a sonné à la porte d'entrée et papa est allé ouvrir. Il est revenu avec M. Blédurt. M. Blédurt, c'est notre voisin qui aime bien taquiner papa.

– Je viens te chercher pour faire une partie de dames, a dit M. Blédurt.

– Je ne peux pas, a répondu papa, je dois faire les devoirs du petit.

Ça a paru l'intéresser drôlement, mes devoirs, M. Blédurt, et quand il a su le sujet de ma rédaction, il a dit qu'il fallait s'y mettre et que ce serait très vite fait.

– Minute, a dit papa, c'est moi qui fais les devoirs de mon fils.

– Ne nous disputons pas, a dit M. Blédurt ; à nous deux, nous arriverons à terminer ce devoir plus vite et mieux.

Et puis il s'est assis avec nous à la table du salon, il s'est gratté la tête, il a regardé en l'air, il a dit : « Voyons, voyons, voyons », et il m'a demandé quel était mon meilleur ami. J'allais lui répondre, mais papa ne m'en a pas laissé le temps. Il a dit à M. Blédurt de nous laisser tranquilles, qu'on n'avait pas besoin de lui.

– Bon, a dit M. Blédurt, moi, ce que j'en disais, c'est pour que ton fils ait une bonne note, pour changer.

Ça, ça n'a pas plu à papa.

– Après tout, il a dit, papa, tu vas m'être utile pour cette rédaction, je vais te décrire, toi, Blédurt. Je commence comme ça : « Blédurt, c'est mon meilleur ami ; il est prétentieux, laid et bête. »

– Ah ! non ! a crié M. Blédurt, pas d'insultes ! Je t'interdis de dire que je suis ton meilleur ami, et puis, pour faire une rédaction, il faut savoir écrire en français. Alors, passe-moi la plume.

Comme j'ai vu que papa n'était pas content, j'ai voulu le défendre et j'ai dit à M. Blédurt que papa écrivait très bien et que ses professeurs disaient qu'il y avait des tas de Balzac dans papa.

M. Blédurt s'est mis à rire. Alors papa a fait une tache d'encre sur la cravate de M. Blédurt.

M. Blédurt était très vexé.

– Sors, si tu es un homme, il a dit à papa.

– Quand j'aurai fini la rédaction de Nicolas, c'est avec plaisir que je sortirai pour te rentrer dedans, a répondu papa.

– On n'est pas près de sortir, a dit M. Blédurt.

– Eh bien, en attendant, a dit papa, va m'attendre dehors, tu vois bien que nous sommes occupés.

Mais M. Blédurt a dit à papa qu'il avait peur de sortir avec lui, et papa a dit : « Ah ! oui ? » et M. Blédurt a dit « Oui », et ils sont sortis dans le jardin.

Moi, j'ai compris que ma rédaction, il valait mieux que je la fasse tout seul, parce que, maintenant, papa et M. Blédurt en avaient pour un moment à se pousser l'un l'autre. Mais ça, ça m'arrangeait, parce que c'était bien tranquille dans le salon et j'ai fait une chouette rédaction, dans laquelle j'ai dit qu'Agnan était mon meilleur ami. Ce n'est pas très vrai, mais ça fera plaisir à la maîtresse, parce qu'Agnan est son chouchou. Quand j'ai fini la rédaction, maman a dit que le soufflé était prêt et qu'il fallait le manger tout de suite et tant pis pour papa, il mangerait des œufs, parce que le soufflé, ça n'attend pas et ce n'est vraiment pas la peine de rentrer de bonne heure à la maison si on ne trouve pas le moyen d'être là pour dîner. C'est vraiment dommage que le soufflé n'ait pas attendu papa : il était très bon.

J'ai eu une très bonne note pour ma rédaction, à l'école, et la maîtresse a écrit sur mon carnet :

« Travail très personnel, sujet original. »

La seule chose, c'est que, depuis cette rédaction sur l'amitié, M. Blédurt et papa ne se parlent plus.

On a apprivoisé M. Courteplaque

À LA MAISON NOUS AVONS TOUS été très étonnés quand M. Courteplaque a sonné à notre porte, ce matin. M. Courteplaque est notre nouveau voisin, il paraît qu'il est chef de rayon des chaussures aux magasins du « Petit Épargnant », troisième étage, il a une femme qui joue du piano tout le temps, et une petite fille de mon âge, Marie-Edwige, qui est très chouette, je crois qu'on va se marier plus tard, et M. Courteplaque, quand il a emménagé, s'est disputé avec papa et depuis il ne nous parlait plus, et c'est pour ça qu'on a été tous très étonnés à la maison ce matin, quand M. Courteplaque a sonné à notre porte. « Est-ce que vous pourriez me prêter une échelle ou un escabeau ? a demandé M. Courteplaque, j'ai l'intention d'accrocher des tableaux et des miroirs sur mes murs. » « Mais certainement, cher monsieur, avec plaisir », a dit papa, et il a accompagné M. Courteplaque dans le garage pour lui donner la grande échelle, celle sur laquelle je n'ai pas le droit de monter quand on me regarde. « Merci », a dit M. Courteplaque, et il a souri. C'est la première fois qu'il fait ça depuis qu'il est venu habiter dans la maison à côté de la nôtre. « Il n'y a pas de quoi, entre voisins, voyons ! » a dit papa. Après que M. Courteplaque soit parti, papa était très content : « Tu vois, il a dit à maman, notre voisin s'humanise, avec un peu d'amabilité, nous parviendrons à l'apprivoiser complètement. » Moi, j'étais content aussi, parce que si son papa s'est apprivoisé, je pourrai jouer avec Marie-Edwige.

Et puis, on a sonné de nouveau et c'était encore M. Courteplaque. « Je suis confus, il a dit, de vous déranger une nouvelle fois, mais malheureusement, les crochets que j'ai achetés pour y suspendre mes tableaux ne conviennent pas du tout. Or, comme nous sommes dimanche, les magasins sont fermés, et... » « Venez avec moi dans la cave, a dit papa. J'ai une boîte pleine de clous et de crochets, je suis persuadé que nous trouverons là-dedans ce qu'il vous faut. » Papa et M. Courteplaque sont descendus dans la cave et quand ils sont remontés, ils étaient tous les deux très contents. M. Courteplaque avait plein de crochets dans les mains. « Vous êtes sûr que ça ne vous prive pas, au moins ? », a demandé M. Courteplaque. « Pensez-vous, entre voisins », a répondu papa, et M. Courteplaque est parti. « Au fond, a dit papa à maman, il n'a pas si mauvais caractère que ça, c'est le genre ours au cœur d'or. » Et il est allé se changer, parce que dans la cave, il avait glissé sur le charbon et il avait sa chemise toute noire.

Quand on a sonné de nouveau, papa m'a dit : « Va ouvrir, Nicolas, c'est sûrement M. Courteplaque. » « Je suis confus, a dit M. Courteplaque quand je lui ai ouvert, j'abuse vraiment… » « Mais non, mais non », a dit papa. « Figurez-vous, a dit M. Courteplaque, que je ne parviens pas à retrouver mon marteau, vous savez ce que c'est avec tout ce fouillis du déménagement. » « Ah ! là là ! ne m'en parlez pas, a dit papa, ma femme pourra vous dire que quand nous avons emménagé dans cette maison, c'est tout juste si nous n'avons pas égaré Nicolas ! » Papa, maman, M. Courteplaque et moi, nous nous sommes mis à rigoler. « Attendez, je vais vous chercher le marteau », a dit papa. Il est monté dans le grenier, et puis il est descendu avec le marteau qu'il a donné à M. Courteplaque. « Et surtout, il a dit papa, n'hésitez pas si vous avez encore besoin de quelque chose. » « Je ne sais pas comment vous remercier », a dit M. Courteplaque, qui est parti avec le marteau. Papa s'est frotté les mains. « C'est un homme tout à fait charmant, a dit papa, il ne faut pas se fier aux premières impressions. D'ailleurs, moi j'ai vu tout de suite que ses dehors de revêche n'étaient que le fait d'une grande timidité. » « Je me demande, a dit maman, si sa femme et lui jouent au bridge. »

Il avait un gros rire tout embêté, M. Courteplaque, quand il a sonné chez nous de nouveau. « Vraiment, a dit M. Courteplaque, vous allez dire que je suis un voisin fort ennuyeux, cher monsieur. » « Mais non, il faut s'entraider, a répondu papa, et puis ne m'appelez pas monsieur. » « Alors, appelez-moi Courteplaque », a dit M. Courteplaque. « Avec plaisir, Courteplaque, de quoi avez-vous besoin cette fois-ci ? », a demandé papa. « Eh bien ! voilà, a répondu M. Courteplaque, en plantant vos crochets avec votre marteau sur mon mur, j'ai fait tomber pas mal de plâtre par terre et l'aspirateur de ma femme ne marche plus depuis qu'elle s'en est servie pour enlever la paille qu'avaient laissée les déménageurs… » « Pas un mot de plus, a dit papa, je vais aller chercher l'aspirateur de ma femme. » Papa a donné l'aspirateur à M. Courteplaque, qui a dit qu'il allait tout rapporter tout de suite et que papa était vraiment trop aimable. « Tu vois, m'a dit papa, comment on peut toujours se faire des amis, avec un minimum de gentillesse ? » « Je me demande, a dit maman, si le plâtre, c'est tellement bon pour l'aspirateur. » « Je suis prêt à sacrifier un aspirateur pour me faire un ami », a dit papa. Et puis, M. Courteplaque est venu rapporter l'échelle. « Où dois-je la mettre ? » il a demandé. « Laissez, laissez, je vais la porter dans le garage », a répondu papa. « Bon, je vais chercher l'aspirateur », a dit M. Courteplaque. « Si Mme Courteplaque veut le garder pendant quelques jours, le temps que son aspirateur soit réparé ? »,

a dit papa en regardant maman dans les yeux. Mais M. Courteplaque a dit que non, que ce serait abuser, et que de toute façon, Mme Courteplaque s'en était déjà servie pour enlever encore un tas de paille qui restait.

Quand M. Courteplaque a rapporté l'aspirateur, il s'est donné une claque sur la tête. « Suis-je distrait !... il a dit : j'ai oublié de vous rendre votre marteau ! » « Mais rien ne presse, Courteplaque, mon vieux... », a dit papa. « Non, non, j'ai déjà trop abusé de votre gentillesse, je vais vous rendre ce marteau tout de suite », a dit M. Courteplaque. « Si vous voulez, a dit papa, Nicolas ira avec vous le chercher. » « Pensez-vous, a répondu M. Courteplaque, je vais dire à Marie-Edwige de le rapporter. Vous m'avez déjà trop vu !... » Et papa et lui se sont mis à rigoler et ils se sont dit au revoir en se serrant très fort la main. « Quand je pense que nous étions tous d'accord pour lui trouver un mauvais caractère, a dit papa. Je me demande si on ne devrait pas les inviter pour prendre le thé, un de ces jours. » « Oh, oui ! », j'ai crié, parce que quand il y a des invités pour le thé, maman fait du gâteau. Et puis Marie-Edwige, elle est chouette, est venue rapporter le marteau, et papa lui a donné un bonbon. Mais M. et Mme Courteplaque ne viendront pas prendre le thé à la maison. M. Courteplaque est très fâché avec papa, et il ne lui parle plus.

Il lui a téléphoné pour lui dire qu'on n'a pas idée de donner des bonbons aux enfants juste avant le déjeuner.

12
20

Je suis le meilleur

Hier, j'ai été le meilleur en classe. Parfaitement !

La maîtresse nous a fait une dictée et moi j'ai eu sept fautes. Celui qui me suivait, c'est Agnan, qui a eu sept fautes et demie, les accents comptent pour une demie et Agnan n'a pas mis l'accent sur le « où » où il fallait le mettre. Comme Agnan est le premier de la classe et le chouchou de la maîtresse, ça ne lui a drôlement pas plu de ne pas être le meilleur pour la dictée. Il a dit à la maîtresse que ce n'était pas juste et que l'accent, il allait le mettre, mais qu'il avait été dérangé. La maîtresse lui a dit de se taire, alors Agnan s'est mis à pleurer et il a dit qu'il allait se plaindre à son papa et que son papa allait se plaindre au directeur et que personne ne l'aimait et que c'était affreux et quand la maîtresse lui a dit qu'elle allait le mettre au piquet, il a été malade.

Je suis sorti de l'école avec ma dictée sur laquelle la maîtresse avait écrit à l'encre rouge : « Nicolas a fait la meilleure dictée de la classe. Très bien. » Les copains, ils voulaient, comme d'habitude, que j'aille avec eux à la boulangerie regarder la vitrine et acheter du chocolat, mais je leur ai dit que je devais rentrer vite à la maison. « Ben quoi, a dit Alceste, un copain, parce que tu es le meilleur en dictée tu veux plus jouer avec nous ? » Moi, je ne lui ai même pas répondu à Alceste, qui avait fait vingt-huit fautes et demie. Et j'ai couru jusqu'à la maison.

« Je suis le meilleur ! », j'ai crié en entrant dans la maison. Maman, quand elle a vu ma dictée, elle m'a embrassé, elle a dit qu'elle était très fière de moi et que papa serait content aussi. « J'aurai un gâteau au chocolat pour le dessert ? », j'ai demandé. « Ce soir ? a dit maman, mais mon chéri, je n'ai plus le temps, et puis il faut que je repasse les chemises de papa. » « C'était une dictée avec des mots terribles, j'ai dit, et puis la maîtresse m'a félicité devant tous les autres. » Maman m'a regardé, elle a fait un soupir et puis elle a dit : « Bon, mon chéri, pour te récompenser, tu l'auras, ton gâteau au chocolat. » Et elle est partie à la cuisine. C'est vrai, quoi, à la fin ! Quand papa a ouvert la porte de la maison, j'ai couru avec la dictée. « Regarde, papa, ce que la maîtresse a écrit sur ma dictée ! », j'ai crié.

Papa, il a regardé et puis il a dit : « C'est très bien, bonhomme. » Il a enlevé son veston et il est allé s'asseoir dans le fauteuil du salon et il s'est mis à lire son journal. « Je suis le premier ! », j'ai dit à papa. « Hmm », a répondu papa. Alors moi, je suis allé dans la cuisine et j'ai dit à maman que ce n'était pas juste, que papa ne voulait pas regarder ma dictée et j'ai fait une colère en tapant des pieds par terre et en criant avec la bouche fermée. « Nicolas, m'a dit maman, calme-toi. Papa est fatigué par son travail, il n'a pas dû bien comprendre, on va lui expliquer et il va te féliciter. » Et nous sommes retournés dans le salon avec maman.

« Chéri, a dit maman à papa, Nicolas a très bien travaillé à l'école, et je crois qu'il faut le féliciter. » Papa a levé la tête de son journal, il a fait des yeux étonnés et puis il a dit : « Mais je l'ai déjà félicité, je lui ai dit que c'était très bien. » Et il m'a donné des petites tapes sur la tête et maman est retournée dans la cuisine. « Tu veux la lire, ma dictée. Elle est terrible ! », j'ai dit à papa. « Plus tard, mon chéri, plus tard », a dit papa, qui s'est remis à lire son journal.

Je suis retourné dans la cuisine et j'ai dit à maman que papa ne voulait pas la lire ma dictée et que personne ne s'occupait de moi et que je quitterais la maison et qu'on me regretterait bien, surtout maintenant que j'étais le meilleur. J'ai suivi maman dans le salon. « Il me semble, a dit maman à papa, que tu pourrais faire un peu attention au petit après son succès d'aujourd'hui. » Et maman a dit qu'on ne la dérange plus parce que sinon, le gâteau ne serait jamais prêt. Et elle est partie.

« Alors, j'ai dit, tu la lis, ma dictée ? » Papa a pris la dictée et puis il a dit : « Oh ! là là ! Mais c'est difficile, dis donc ! Eh ! bien. Oh ! là là, Bravo ! » Et il a repris son journal. « Et les patins, je les aurai ? », j'ai demandé. « Patins ? Quels patins ?», a dit papa. « Tu sais bien, j'ai dit, tu m'avais promis des patins le jour où je serais le premier de la classe. » « Écoute, Nicolas, a dit papa, on parlera de ça un autre jour, tu veux bien ? » Alors ça, c'est formidable ! On me promet des patins, je fais la meilleure dictée de la classe, la maîtresse me félicite devant tout le monde, et on me dit qu'on en parlera un autre jour ! Je me suis assis sur le tapis et j'ai donné des tas de coups de poing par terre. « Tu veux une fessée ? », m'a demandé papa, et moi je me suis mis à pleurer et maman est arrivée en courant.

« Quoi encore ? », elle a dit, maman. Alors moi, je lui ai expliqué que papa avait dit qu'il allait me donner une fessée. « Voilà une bien curieuse façon d'encourager l'enfant », a dit maman. « Oui, j'ai dit. Si je n'ai pas les patins, je vais être drôlement découragé. » « Quels patins ? », a demandé maman. « Il paraît, a dit papa, que je dois payer cette dictée avec une paire de patins. » « L'effort doit être récompensé », a dit maman. « La chance de Nicolas, c'est d'avoir un père millionnaire, a dit papa, c'est donc avec joie que je lui ferai cadeau d'une paire de patins en or pour récompenser ses sept fautes d'orthographe. » Moi, je ne savais pas que mon papa était millionnaire. Il faudra que je le dise à Geoffroy qui parle toujours de son papa qui est très riche. En tout cas, les copains seront épatés, quand ils me verront à la récré avec mes patins en or !

« Bon, a dit maman, si voulez que le repas soit prêt, laissez-moi retourner tranquillement à la cuisine. » « Dépêche-toi, a dit papa, tu sais qu'après dîner, je dois aller chez mon patron qui reçoit des clients. » « Oh ! mon Dieu, a dit maman, je n'ai pas repassé tes chemises, à cause du gâteau de Nicolas. » « Bravo ! a dit papa, bravo ! Eh bien, puisque je ne compte pas dans cette maison, je garderai la chemise que je porte. Bravo ! » Et puis, maman s'est mise à pleurer et papa l'a embrassée et moi j'étais tout triste, parce que ça me fait drôlement de la peine quand ma maman a du chagrin.

À table, pour le dîner, personne n'a parlé, et du gâteau, je n'ai pas eu envie d'en reprendre.

Là où ça a été chouette, c'est aujourd'hui. Je suis rentré de l'école avec un zéro pour mon problème d'arithmétique, et papa, au lieu de me gronder, il m'a dit : « Ça, c'est mon grand garçon », et il nous a emmenés, maman et moi, au cinéma. Comme m'a dit Alceste dans la boulangerie, où nous étions allés acheter du chocolat en sortant de l'école : « Les papas et les mamans, faut pas chercher à comprendre. »

CROQUET
RÈGLE

Le croquet

AUJOURD'HUI, j'ai appris un nouveau jeu terrible : le croquet. M. Blédurt, notre voisin, est entré dans le jardin avec une grosse boîte en bois dans les bras. « Regarde ce que je me suis offert », il a dit à papa. Il a ouvert la boîte et papa et moi, nous avons vu que dans la boîte, il y avait des boules en bois, des espèces de marteaux avec un manche très long et des arceaux en fer. « Ben quoi ! a dit papa, c'est un jeu de croquet, il n'y a pas de quoi se rouler par terre. » « C'est quoi, un jeu de croquet ? », j'ai dit. « Je ne te demande pas de te rouler par terre, je te montre mon jeu de croquet et je te demande si tu veux y jouer », a dit M. Blédurt. « Bon », a répondu papa. « Je pourrai y jouer aussi, moi ? Hein ? Je pourrai ? »,

j'ai demandé, mais papa ne m'a pas répondu, il était occupé à crier après M. Blédurt qui était en train de planter un des arceaux sur l'herbe de notre jardin. « Eh ! a dit papa, tu ne vas pas faire des trous dans ma pelouse, non ? » « Pelouse ? a dit M. Blédurt, ne me fais pas rigoler, nous sommes en présence, tout au plus, d'une plantation florissante et désordonnée de mauvaises herbes, d'un véritable terrain vague. » Là, il n'est pas juste, M. Blédurt, notre jardin, il ne ressemble pas du tout au terrain vague, qui est drôlement chouette avec une auto sans roues et nous, on y va, on fait « vroum » et on rigole bien. Papa, ça ne lui a pas plu ce qu'avait dit M. Blédurt et il lui dit qu'il ne l'avait pas sonné, qu'il aille faire des trous dans son jardin à lui et que s'il avait un chien, il le lui lâcherait. « Oh, ça va ! Ça va ! », a dit M. Blédurt, qui a pris sa boîte avec les arceaux, les boules et les marteaux et qui est parti.

Nous, nous sommes restés dans notre jardin, et papa a regardé l'herbe en se grattant la tête et il a dit que la semaine prochaine, sans faute, il faudrait qu'il s'en occupe. Moi, je me suis penché par-dessus la haie et j'ai vu M. Blédurt qui plantait ses arceaux partout dans son jardin et puis qui a commencé à pousser une boule en bois avec un de ses marteaux. « Moi, je m'amuse bien ! il chantait, M. Blédurt, moi je m'amuse bien ! », et c'est vrai qu'il avait l'air de rigoler, là tout seul, il sifflait et il disait : « Oh ! le beau coup que j'ai réussi, oh ! là là ! » Moi, j'avais bien envie de m'amuser aussi ; bien sûr, je ne savais pas y jouer au croquet, mais j'apprends très vite, sauf pour la grammaire, l'arithmétique, la géographie, l'histoire et pour les récitations, je n'arrive pas à me souvenir de tous les mots. « Je peux aller jouer avec M. Blédurt ?», j'ai demandé à papa. « Non, Nicolas, a dit papa, en criant très fort, tu gagnerais tout de suite et M. Blédurt t'accuserait d'avoir triché. » M. Blédurt a passé sa grosse tête toute rouge par-dessus la haie. « Puisque tu es si malin, il a crié, je te parie cent francs que je te bats ! » Papa s'est mis à rigoler et il a dit que ce serait du vol, alors M. Blédurt a dit que papa était un dégonflé et que peut-être il ne disposait pas de cent francs et puis papa a dit : « Dégonflé, moi ? Tu vas voir si je suis un dégonflé ! » et il est allé dans le jardin de M. Blédurt. Moi, je l'ai suivi. « Je prends la boule bleue, a dit M. Blédurt, toi, tu prends la rouge. » « Et moi, je prends la verte ! », j'ai crié. Mais papa m'a dit que je ne savais pas jouer au croquet et qu'il ne voulait pas que je joue pour de l'argent. Alors moi, je me suis mis à pleurer et j'ai dit que ce n'était pas juste et que j'irais le dire à maman. Alors, papa a dit que je jouerais la prochaine fois, que cette fois-ci je regarde bien pour apprendre et que je pourrais aller chercher la boule de M. Blédurt quand il l'enverrait très loin avec sa boule à lui, et qu'avec les cent francs de M. Blédurt, il me payerait des gâteaux. Moi, j'ai dit que bon, que comme ça, ça allait.

C'est un drôle de jeu le croquet, très difficile à comprendre. Pour commencer, les joueurs se disputent pour savoir qui va jouer le premier. C'est celui qui dit « Et puis d'abord, le jeu est à moi, si ça ne te plaît pas, je remets tout dans la boîte et tu peux aller te faire cuire un œuf » qui commence. Là, c'était M. Blédurt, qui a pris son marteau et pan ! il a envoyé sa boule bleue dans les fleurs jaunes de Mme Blédurt. Alors l'autre joueur, papa, il rigole et Mme Blédurt ouvre sa fenêtre et dit des tas de choses à M. Blédurt, mais ça, ce n'est pas dans le jeu.

Mme Blédurt n'avait pas l'air de jouer, en tout cas.

Quand papa a fini de rigoler, il a tapé tout doucement dans sa boule rouge, qui s'est approchée d'un arceau. Alors, papa a donné un petit coup de pied à la boule, mais M. Blédurt est arrivé en courant et il a dit : « Ça ne vaut pas ! ça ne vaut pas ! tu as tapé deux fois avec ton maillet ! » « C'est pas vrai, j'ai crié, la deuxième fois, c'était avec le pied ! » Papa, alors là, je n'y ai rien compris, s'est fâché parce que je le défendais. « Nicolas ! il a crié papa, si tu ne te tiens pas tranquille, tu rentres à la maison ! » Moi, je me suis mis à pleurer, j'ai dit que je voulais apprendre à jouer au croquet et que ce n'était pas juste. « Au lieu de gronder ton malheureux enfant, a dit M. Blédurt, essaie de jouer un peu honnêtement ! »

Là, le jeu se complique drôlement parce que les joueurs laissent tomber leurs marteaux, ils se prennent par le devant de la chemise et puis ils se secouent l'un l'autre.

Et Mme Blédurt a ouvert sa fenêtre, elle a appelé M. Blédurt et puis M. Blédurt est devenu tout rouge et il a dit à papa qu'il fallait parler moins fort parce que Mme Blédurt avait des amies pour le thé.

« Bon, on recommence », a dit M. Blédurt, en ramassant son marteau. « Pas question ! a dit papa, moi, je suis bien placé, je ne recommence pas. » Alors là, ça devient très rigolo, parce que les joueurs ont le droit de changer de boule pendant la partie.

M. Blédurt a tapé un grand coup dans la boule rouge de papa et il a dit : « Voilà ! maintenant, tu es mal placé, toi aussi ! » La boule a tapé contre le mur de la maison, pan ! et Mme Blédurt a ouvert la fenêtre encore une fois, pas contente du tout. Elle avait du thé tout plein le devant sa robe, et elle a crié que le tableau du salon s'était décroché. Mais papa et M. Blédurt n'ont pas interrompu leur partie, ils étaient drôlement pris par le jeu. Le coup de M. Blédurt devait être très bon, parce que papa avait l'air fâché. « Tu te crois malin ? il a dit papa, eh bien ! maintenant, on va voir qui va gagner ! » Et il a donné un grand coup de marteau sur le pied de M. Blédurt qui a fait « Oulà, oulà ! » et qui a voulu donner un coup de marteau sur la tête de papa.

Il y a des choses que je n'ai pas comprises dans le jeu de croquet, par exemple à quoi servent les arceaux et les boules. Mais ça ne fait rien, on s'en passera. Je tâcherai de trouver des marteaux, et demain, à l'école, j'apprendrai aux copains à jouer au croquet.

Comme ça, pendant la récré, on rigolera bien.

Sylvestre

Et pourquoi je peux pas aller jouer avec les copains dans le terrain vague ? Il fait beau comme tout ! j'ai dit à maman.

– Non, Nicolas, m'a dit maman. Je te répète que je veux que tu restes à la maison.

– Mais les copains m'ont dit qu'on a apporté des tas de caisses dans le terrain vague, alors nous on va bien s'amuser ; on va faire un autobus ou un train avec les caisses, ça sera rigolo !

– Justement ! a dit maman. Je ne veux pas que tu joues avec les détritus que les gens abandonnent dans cet horrible terrain vague ! Et j'en ai assez de te voir revenir crotté jusqu'aux yeux, sale à faire peur ! Et maintenant, sois sage ! Mme Marcellin va venir me voir avec son nouveau bébé et je ne veux pas que tu fasses des histoires devant elle !

– Mais les copains, ils m'attendent, et moi, qu'est-ce que je vais faire tout seul à la maison ? j'ai demandé.

– Eh bien, m'a répondu maman, tu t'amuseras avec le bébé de Mme Marcellin. Il est sûrement très gentil.

– Il est peut-être très gentil le bébé de Mme Marcellin, mais avec un bébé on ne peut pas rigoler. Je le sais, parce que j'ai un cousin qui est bébé, et si jamais on le touche, ça fait des histoires terribles.

J'ai essayé de pleurer un coup, pour voir, mais maman m'a dit que si je continuais, elle allait se fâcher. Alors, je suis sorti dans le jardin et j'ai donné des coups de pied par terre, parce que c'est pas juste, quoi, à la fin. C'est vrai, c'est jeudi, j'ai fait douzième en géographie à l'école, et c'est pas la peine de travailler et d'avoir des bonnes notes si c'est pour ne pas pouvoir aller jouer avec les copains dans le terrain vague…

J'étais en train de bouder et de jouer à la pétanque – tout seul ce n'est pas bien amusant – quand on a sonné à la grille du jardin et maman est sortie en courant pour ouvrir. C'était Mme Marcellin qui était là avec une voiture de bébé. Mme Marcellin, c'est une dame qui habite dans le quartier, mais ça faisait un moment qu'on ne la voyait pas ; il paraît qu'elle était allée chercher un bébé à l'hôpital.

Maman et Mme Marcellin se sont mises à pousser des tas de cris ; elles avaient l'air drôlement contentes de se voir. Et puis, maman s'est penchée pour voir ce qu'il y avait dans la voiture.

– Comme elle est mignonne, a dit maman.

– C'est un garçon, a dit Mme Marcellin. Il s'appelle Sylvestre.

– Bien sûr, a dit maman. Et comme il vous ressemble !

– Ah ? Vous trouvez ? a demandé Mme Marcellin. Ma belle-mère dit qu'il ressemble plutôt à mon mari. Il est vrai qu'il a les yeux bleus, comme Georges. Moi, je les ai marron.

– Mais les yeux changent souvent de couleur, a dit maman. Et en général, ils deviennent marron. Et puis, c'est tout à fait votre expression !

Et puis maman a dit : Coutchou-coutchoucou, Kitch-kitchkitch. Làlàlàlà. Moi je me suis approché pour voir, et j'ai dû me mettre sur la pointe des pieds, parce que la voiture était très haute, mais même comme ça, on ne voyait pas grand-chose.

– Ne le touche pas surtout ! a crié maman.

– Laissez-le regarder, a dit Mme Marcellin en rigolant.

Et elle m'a pris sous les bras et elle m'a soulevé pour que je voie mieux. Il avait des gros yeux qui ne regardaient nulle part, il faisait des tas de bulles avec la bouche, et il avait des toutes petites mains fermées et rouges. Pour l'expression, je n'ai pas trouvé qu'elle ressemblait à celle de Mme Marcellin, mais avec les bulles, c'était difficile à dire. Mme Marcellin m'a posé par terre, et elle m'a dit que Sylvestre et moi on était déjà des grands copains, puisqu'il m'avait souri. Mais ça, c'est des blagues ; tout ce qu'il avait fait Sylvestre, c'est continuer à faire des bulles.

Et puis, maman et Mme Marcellin sont allées s'asseoir sur les chaises longues, près des bégonias, et moi, je me suis remis à jouer à la pétanque.

– Nicolas ! Veux-tu cesser tout de suite ! a crié maman.

– Ben quoi ? j'ai demandé. Elle m'avait fait drôlement peur, maman.

– Tu ne vois pas qu'avec tes grosses boules de pétanque, tu risques de faire du mal au bébé ? m'a dit maman.

– Oh ! ne le grondez pas, a dit Mme Marcellin. Je suis sûre qu'il fera attention.

– Je ne sais pas ce qu'il a aujourd'hui, a dit maman. Il est insupportable !

– Mais non, a dit Mme Marcellin. Il est gentil comme tout. Et comme c'est un grand garçon, il sait qu'il vaut mieux ne pas jouer à la pétanque près de Sylvestre. N'est-ce pas Nicolas ?

Alors, moi, j'ai cessé de jouer, j'ai mis les deux mains dans les poches, je me suis appuyé contre l'arbre, et je me suis mis à bouder. J'avais une grosse boule dans la gorge et j'avais bien envie de pleurer. Ils m'embêtent à la fin, avec leur Sylvestre. Il a le droit de tout faire, et moi rien !

Et puis, Mme Marcellin a demandé à maman si elle pouvait aller réchauffer le lolo de Sylvestre, parce que ça allait être l'heure de son biberon.

– Nous allons demander à Nicolas de garder Sylvestre pour lui montrer que nous avons confiance en lui, comme un homme qu'il est ! a dit Mme Marcellin.

Moi, j'ai rien dit, mais maman m'a fait les gros yeux ! Alors, j'ai dit que je garderais Sylvestre, et Mme Marcellin a rigolé, et puis elle est entrée dans la maison avec maman. Alors, je me suis approché de la voiture, et j'ai attrapé le bord pour regarder Sylvestre encore un coup, et Sylvestre m'a regardé avec ses gros yeux, et puis il a cessé de faire des bulles, il a ouvert la bouche et il s'est mis à crier.

– Ben quoi ? je lui ai dit. Tais-toi, quoi ! Mais Sylvestre criait de plus en plus fort, et Mme Marcellin et maman sont sorties en courant de la maison.

– Nicolas ! a crié maman. Qu'est-ce que tu as encore fait ?

Alors, je me suis mis à pleurer. J'ai dit que je n'avais rien fait, et que c'était pas de ma faute si Sylvestre se mettait à crier quand il voyait du monde, et Mme Marcellin m'a dit qu'elle était sûre que je n'avais rien fait, et que ça lui arrivait souvent à Sylvestre de crier comme ça, surtout quand c'était l'heure de son biberon. Et maman s'est baissée, elle m'a pris dans ses bras, et elle m'a dit : « Allons, allons Nicolas. Je n'ai pas voulu te gronder. Je sais que tu n'as rien fait de mal, mon poussin. » Et elle m'a embrassé, et je l'ai embrassée, et c'est vraiment une chouette maman que j'ai, et je suis bien content que nous ne soyons plus fâchés.

Sylvestre, il ne pleurait plus non plus, il buvait son biberon en faisant un bruit terrible.

– Eh bien, nous avons fait une longue promenade, a dit Mme Marcellin. C'est l'heure de rentrer, maintenant.

Et puis Mme Marcellin a embrassé maman, elle m'a embrassé, et elle allait sortir du jardin, quand elle s'est retournée.

– Tu n'aimerais pas que ta maman t'achète un petit frère comme Sylvestre, Nicolas ? elle m'a demandé.

– Oh oui ! J'aimerais bien ! j'ai dit.

Alors, maman et Mme Marcellin ont poussé des cris, elles ont rigolé, et tout le monde s'est remis à m'embrasser. Terrible ! Et c'est vrai que j'aimerais bien que maman m'achète un petit frère comme Sylvestre, parce que si elle m'achète un petit frère comme Sylvestre, elle achètera aussi une voiture pour le mettre dedans.

Et avec les roues de la voiture et les caisses qu'il y a dans le terrain vague, les copains et moi, on pourra faire un drôle d'autobus !

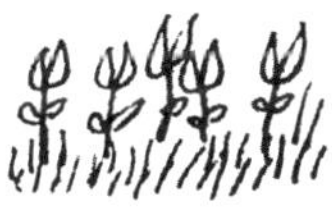

Je fais de l'ordre

« QU'EST-CE QUE CE FOUILLIS ? » m'a dit maman en montrant ma chambre. C'est vrai que c'est un peu en désordre, chez moi, surtout avec les jouets, les livres et les illustrés qui traînent partout. Maman essaie de ranger, mais il faut avouer que ce n'est pas très facile, et, aujourd'hui, elle s'est fâchée. « Je sors pour une heure, m'a dit maman, tu restes seul à la maison ; quand je reviendrai, je veux que ta chambre soit en ordre et ne fais pas de bêtises. »

Dès que maman fut partie, je me suis mis à faire de l'ordre. Pour ce qui est des bêtises, je n'étais pas inquiet, maintenant que je suis grand, je n'en fais plus. Pas comme avant mon anniversaire il y a trois mois, en tout cas.

J'ai commencé à sortir les choses qui se trouvaient sous mon lit. Il y en avait des tas. C'est là que j'ai trouvé l'avion qui vole, avec l'hélice qui se remonte comme un élastique. Maman n'aime pas que je joue avec cet avion, elle dit toujours que je vais casser quelque chose. J'ai essayé pour voir s'il volait encore, l'avion, et, maman avait raison, parce qu'il est sorti par la porte de ma chambre et il est allé casser un vase sur la table de la salle à manger, après un chouette parcours. Ce n'est pas bien grave, parce que papa a dit plusieurs fois que ce vase que grand-mère nous a donné n'était pas bien joli. Bien sûr, dans le vase, il y avait des fleurs et de l'eau et l'eau était partout sur la table et sur le petit napperon en dentelle. Mais l'eau, ça ne salit pas. Ce n'était vraiment pas bien grave, et l'avion n'a rien eu. Je suis revenu dans ma chambre et j'ai commencé à ranger dans l'armoire les jouets qui étaient sous mon lit. Dans l'armoire, j'ai retrouvé le petit ours en peluche, avec lequel je jouais quand j'étais petit. Il n'était pas beau, mon pauvre petit ours, il avait des plaques de fourrure qui manquaient. Alors, j'ai décidé de l'arranger, mon petit ours. Pour ça, je suis allé dans la salle de bains et j'ai pris le rasoir électrique de papa : en rasant tous les poils de l'ours, on ne verrait plus les endroits où il n'y avait pas de fourrure.

Et puis, c'est amusant le rasoir de papa, ça fait bzzz et tous les poils partent. Il était à moitié rasé, mon ours, quand le rasoir a cessé de faire bzzz, il a fait une étincelle et puis plus rien du tout. Ce n'était pas bien grave, parce que papa dit toujours que le rasoir est vieux et qu'il va en acheter un nouveau, mais c'est embêtant pour l'ours : la moitié d'en haut est rasée, l'autre pas. On dirait qu'il a des pantalons.

J'ai remis l'ours dans l'armoire et le rasoir de papa dans la salle de bains et puis, je suis retourné dans la chambre pour finir de faire de l'ordre. Ce qui était embêtant, c'est que tous les jouets ne rentraient pas dans l'armoire, alors, j'ai décidé de tout sortir pour voir ce que je pouvais jeter. J'ai retrouvé comme ça des autos auxquelles il manquait des roues, des roues auxquelles il manquait des autos, un ballon de football crevé, des tas de jetons d'un jeu de l'oie, des cubes, des livres que j'avais déjà lus, avec des images que j'avais déjà coloriées. Tout ça, ça ne servait à rien. Alors, j'ai tout mis dans la couverture de mon lit et j'ai fait un paquet que je voulais descendre pour le mettre dans la poubelle. J'ai eu une idée : pour faire plus vite et ne pas salir l'escalier, j'ai décidé de jeter le paquet par la fenêtre.

C'est dommage que je n'aie pas pensé à la verrière au-dessus de la porte d'entrée, qui s'est cassée. Heureusement, ce n'est pas très grave, parce que maman dit toujours que cette verrière est impossible à nettoyer et que c'est une drôle d'idée de l'avoir mise au-dessus de la porte, alors, papa se met à rire en disant qu'on ne peut pas mettre la verrière à la place du paillasson, et ça ne plaît pas à maman, qui me dit de sortir parce qu'il faut qu'elle parle avec papa.

Ce que je ne voulais pas, c'était laisser devant la porte tous les jouets qui étaient tombés. Je suis allé chercher l'aspirateur de maman.

Maman ne se sert jamais de l'aspirateur en dehors de la maison, elle a tort, parce que le fil électrique est assez long et c'est formidable, ça aspire tout, ces machines : les jouets, le gravier, les morceaux de la verrière. C'est d'ailleurs les bouts de verre qui ont dû crever le sac à poussière de l'aspirateur. Ce n'est pas très grave, parce que maman pourra recoudre la déchirure, ou faire mettre un nouveau sac. Ce qui est moins rigolo, c'est que toutes ces choses qui étaient dans le sac sont tombées de nouveau devant la porte. Ce n'était pas la peine de les promener dans l'aspirateur pour les remettre au même endroit ! J'ai vite enlevé les plus gros morceaux, que j'ai mis dans la poubelle, et, pour le reste, j'ai eu une idée formidable : j'ai décidé de laver devant la porte. Je suis allé dans la cuisine pour chercher de l'eau, mais là, un ennui, j'ai eu beau tout mettre sens dessus dessous, impossible de trouver le seau pour transporter l'eau. Comme je n'avais plus beaucoup de temps avant le retour de maman et que je voulais lui faire une bonne surprise en lavant bien tout, j'ai décidé de prendre la soupière, la grande, celle qui a un petit filet doré et que maman sort quand il y a des invités. C'est la plus grande que nous ayons. Pour l'avoir, la soupière, qui était dans le placard, il a fallu que je monte sur

l'escabeau, moi j'aime bien ça, mais ce n'est pas facile. Il y avait un tas d'assiettes devant la soupière. Il faut dire, vraiment, que maman est un peu désordonnée, parce qu'une soupière ne devrait pas être rangée au fond d'un placard, on ne sait jamais quand on peut en avoir besoin pour laver quelque chose. Il faudra que je le lui dise, à maman.

Mais enfin, comme je me débrouille bien, je l'ai eue, ma soupière. Les deux assiettes cassées, ce n'est pas bien grave, parce que, après tout, il en reste encore vingt-deux, et nous n'avons jamais vingt-deux invités à la fois dans la maison !

Avec ma soupière pleine d'eau, je suis allé vers la porte d'entrée. Il a fallu que je fasse deux voyages avant d'arriver, parce que cette grosse soupière m'empêchait de voir où je mettais les pieds et je me les suis pris dans le tapis. Là, j'ai eu encore de la chance, parce que je n'ai pas lâché la soupière et le tapis séchera.

Enfin, j'ai jeté l'eau sur la poussière, devant la porte, et j'ai frotté avec une serviette de toilette. Pour tout dire, ça n'a pas été trop réussi, parce que ça a fait de la boue. Enfin, ce n'est pas bien grave, une fois sec, tout ça partira facilement. Ce qui est plus embêtant, c'est la soupière qui s'est cassée, surtout qu'il y a un tas d'assiettes, mais une seule soupière, ce n'est pas bien malin. De toute façon, ce n'est pas terrible, papa aime mieux que l'on serve des hors-d'œuvre plutôt que du potage, quand il y a des invités. Papa, il dit que ça fait plus chic et maman lui répond qu'un potage Saint-Germain, ça vous fait plus d'allure qu'un œuf mayonnaise et ils discutent comme ça, pour rire. Maintenant, ils n'auront plus à se disputer, il n'y a plus où le mettre, le potage Saint-Germain.

Comme je n'avais pas à retourner à la cuisine pour ranger cette fameuse soupière, j'ai gagné un peu de temps. Alors, je suis vite remonté dans ma chambre et j'ai fini de tout ranger bien proprement dans l'armoire. J'ai fait vite, surtout quand on pense qu'il a fallu tout de même que j'y retourne, à la cuisine, parce que je me suis souvenu que j'avais oublié de fermer le robinet et comme l'évier était bouché avec des morceaux d'assiette, il y avait de l'eau partout. Ce n'est pas bien grave sur les dalles et avec le soleil, demain, ça sèchera vite et maman n'aura pas besoin de laver par terre, ça la fatigue et elle n'aime pas ça.

Enfin, tout était prêt dans ma chambre quand maman est revenue. J'étais sûr qu'elle allait me féliciter et qu'elle allait être contente.

Eh bien, je vais vous épater, mais je vous promets que c'est la vérité : elle m'a grondé !

C'était un GROS
Eléphant
Qui avait un GROS
nez
un GROS
nez
un GROS
nez

Le gros z'éléphant

J'ai fait huitième en composition de grammaire et papa m'a dit que c'était très bien et que, ce soir, il allait m'apporter une surprise.

Alors, quand papa est revenu du bureau, ce soir, j'ai couru vers lui pour l'embrasser. Moi, je suis toujours très content quand papa revient à la maison, mais je le suis encore plus quand je sais qu'il m'apporte une surprise ! Papa m'a embrassé, il m'a fait « youp-là », puis il m'a donné un petit paquet tout plat. Trop plat pour être la petite voiture rouge avec les phares qui s'allument et dont j'avais envie.

– Eh bien ! Nicolas, a dit papa en rigolant, ouvre-le, ton cadeau.

Alors, moi, j'ai arraché le papier du paquet, et là-dedans, il y avait, vous ne devinerez jamais quoi, il y avait un disque ! Un disque dans une jolie enveloppe, pleine de dessins d'éléphants, de singes et de bonshommes, et puis le nom du disque : « Le Gros Éléphant ».

Moi, j'étais drôlement content et fier ! C'est la première fois que j'ai un disque à moi tout seul ! Et mon papa, c'est le plus chouette de tous les papas du monde, et je l'ai embrassé et lui aussi il avait l'air drôlement content, et maman est sortie de la cuisine et elle riait et elle m'a embrassé aussi. Oh ! ce que ça peut être chouette à la maison, en ce moment !

– Je peux l'écouter, mon disque ? j'ai demandé à papa.

– Mais, mon lapin, m'a répondu papa, il est là pour ça. Attends, je vais le mettre sur le tourne-disque.

Et papa a mis le disque dans l'appareil et ça a commencé à jouer. Il y a eu une petite musique drôle comme tout et une dame s'est mise à chanter : « C'était un gros éléphant, z'éléphant, z'éléphant… qui avait un très gros nez, très gros nez, très gros nez. » Et puis après, il y a un tas de messieurs et de dames qui ont raconté l'histoire de l'éléphant, qui avait un copain qui était un petit singe et ils faisaient des tas de bêtises ensemble. Et puis après, il y avait un chasseur qui venait, et il attrapait l'éléphant, mais le singe venait et sauvait l'éléphant. Alors, le chasseur se mettait à pleurer, alors l'éléphant et le singe devenaient copains avec le chasseur et ils partaient tous ensemble au cirque, où ils devenaient tous très riches et ils chantaient de nouveau : « C'était un gros éléphant, z'éléphant, z'éléphant... qui avait un très gros nez, très gros nez, très gros nez. »

– C'est charmant, a dit maman.

– Oui, a dit papa, ils font des choses très bien pour les gosses, maintenant.

– Je peux l'écouter encore une fois ? j'ai demandé.

– Mais bien sûr, bonhomme, a dit papa.

Et il a remis le disque, et à la fin, avec papa et maman, nous avons chanté le coup de : « C'était un gros éléphant, z'éléphant, z'éléphant… qui avait un très gros nez, très gros nez, très gros nez. » Et puis après, on a tous ri et on a applaudi.

– Je peux le faire écouter à Alceste par téléphone ? j'ai demandé, et papa a dit : Euh… Bon, si tu y tiens...

Alors, j'ai téléphoné à Alceste et je lui ai dit :

– Écoute, Alceste, le cadeau que mon papa m'a apporté. Un disque pour moi tout seul.

– Bon, m'a dit Alceste, mais dépêche-toi, parce qu'on va bientôt dîner, et le cassoulet, si c'est pas chaud, c'est pas tellement bon.

Alors, j'ai fait marcher le disque, j'ai mis le téléphone à côté, et quand ils ont fini de chanter : « C'était un gros éléphant, z'éléphant, z'éléphant… qui avait un très gros nez, très gros nez, très gros nez », j'ai repris le téléphone et j'ai demandé à Alceste si ça lui avait plu. Mais Alceste n'était plus là. Il devait être en train de dîner.

– Eh bien ! à propos de dîner, le mien est prêt aussi, a dit maman. À table !

– Je peux écouter mon disque encore une fois, avant de manger ? j'ai demandé.

– Non, Nicolas, m'a dit papa. C'est l'heure de dîner, laisse ton disque tranquille.

Et comme il était devenu sérieux, papa, je n'ai rien dit.

À table, pendant que je commençais à manger la soupe, j'ai chanté : « C'était un gros éléphant, z'éléphant, z'éléphant… qui avait un très gros nez, très gros nez, très gros nez. »

– Nicolas ! a crié papa. Mange ta soupe et tais-toi !

C'est drôle, il avait l'air énervé, papa.

Quand on a fini de dîner, on a eu de la tarte aux pommes qui restait d'hier ; je suis allé vers le tourne-disque et papa a crié :

– Nicolas ! Qu'est-ce que tu fais ?

– Ben, j'ai dit, je vais écouter mon disque.

– Assez comme ça, Nicolas, a dit papa. Je veux lire mon journal et, d'ailleurs, c'est bientôt l'heure d'aller se coucher.

– Une dernière fois, avant de me coucher, j'ai dit.

– Non, non et non ! a crié papa.

Alors là, je me suis mis à pleurer. C'est vrai, quoi, à la fin ! Si je ne peux même plus écouter mon disque, alors, c'est pas juste, parce qu'après tout, qui c'est qui a fait huitième en grammaire, hein ?

Maman, quand elle m'a entendu pleurer, elle est sortie de la cuisine en courant.

– Qu'est-ce qui se passe ici ? elle a demandé.

– C'est papa qui ne veut pas me laisser écouter mon disque, j'ai expliqué.

– Et pourquoi il ne veut pas ? a demandé maman.

– Figure-toi, a dit papa, que j'ai envie de me reposer et de me détendre un peu dans le calme et le silence. Et que je veux lire mon journal sans qu'on me raconte pour la vingtième fois des histoires de z'éléphants ! C'est clair, non ?

– Ce qui n'est pas clair, a dit maman, c'est la raison pour laquelle tu achètes des cadeaux au petit, si c'est pour l'empêcher de s'amuser avec eux !

– Ça, a dit papa, c'est la meilleure ! On va me reprocher maintenant de faire des cadeaux ! Bravo ! Ah ! bravo ! Je me demande ce que je fais ici ! Vraiment, je suis de trop !

– Oh ! non, a dit maman, c'est moi qui suis de trop ! Quand je dis quelque chose, tu te mets à crier, à menacer…

– Je menace, moi ? a crié papa.

– Oui, a dit maman, et elle s'est mise à pleurer avec moi.

Papa, il a jeté son journal par terre, il s'est mis à marcher entre la petite table où il y a la lampe avec l'abat-jour bleu et le fauteuil.

– Bon, bon, il a dit doucement à maman. Je m'excuse. Ne pleure plus. Je me suis énervé, j'ai eu une journée un peu dure au bureau. Allons, allons, allons.

Et il s'est approché de maman, et il l'a embrassée, et il m'a embrassé, et maman a essuyé ses yeux, elle m'a mouché, et elle a fait des tas de chouettes sourires, et on a remis le disque et on a chanté tous ensemble : « C'était un gros éléphant, z'éléphant, z'éléphant… qui avait un très gros nez, très gros nez, très gros nez. » Deux fois. Et puis je suis allé au lit.

Le lendemain soir, quand papa est revenu du bureau, j'étais couché sur le tapis du salon en train de lire un illustré.

– Eh bien ! Nicolas, m'a dit papa, tu n'écoutes pas ton disque ?

– Je l'ai écouté encore trois fois aujourd'hui, j'ai expliqué. J'en ai assez de leurs éléphants.

Alors, papa s'est fâché tout rouge :

– Les gosses d'aujourd'hui, vous êtes tous pareils ! il a crié, papa. On vous fait un beau cadeau, et dès le lendemain, vous êtes blasés. C'est à vous dégoûter d'essayer de vous faire plaisir !

CE SOIR
SOUS LE CHAPITEAU DU CIRQUE DE LA RTF
100F
PAR SECONDE
AU SELECT-PATHE
EDEN-PALACE
100.000
DOLLARS
AU SOLE
VOUS AUSSI
VOUS POUVEZ GAGNER
100000
EN FAISANT
LE Gd CONCO
ZOUM
ZOUM LA LESSIVE QUI CONTIENT DU ZIM SURACTIVE
HORS LA LOI

Des tas de probité

JE RENTRAIS DE L'ÉCOLE, samedi après-midi, avec Alceste et Clotaire, quand tout d'un coup, qu'est-ce que je vois sur le trottoir ? Un porte-monnaie !

– Un porte-monnaie ! j'ai crié.

Et je l'ai ramassé.

– Ah, dis donc, a dit Clotaire, qu'est-ce qu'on va en faire ?

– C'est moi qui l'ai trouvé, j'ai dit.

– On était tous les trois ensemble, m'a dit Clotaire.

– Oui, mais c'est moi qui l'ai vu le premier, j'ai dit. Alors…

Pendant que Clotaire disait que c'était pas juste, et que j'étais pas un copain, moi j'ai ouvert le porte-monnaie, et il y avait des tas et des tas d'argent dedans.

– Faut que tu le rendes, a dit Alceste.

– Tu rigoles ? nous lui avons demandé, Clotaire et moi.

– Non, je rigole pas, a répondu Alceste. Si tu le gardes, la police va venir chez toi et puis elle va dire que tu as volé le porte-monnaie, et puis tu iras en prison. Quand on trouve quelque chose, si on ne le rend pas, on va en prison. C'est mon père qui m'a dit ça.

Clotaire est parti en courant, et moi j'ai demandé à Alceste à qui il fallait le rendre, le porte-monnaie, et j'étais bien embêté de l'avoir trouvé.

– Ben, m'a dit Alceste, il faut que tu ailles au commissariat. Et puis là-bas, ils te diront que tu es drôlement probe ; un probe, c'est quelqu'un qui rend, qui fait des probités. Mais il faut que tu te dépêches, parce que sinon, ils vont te chercher et t'emmener en prison.

– Et si je le remettais sur le trottoir, le porte-monnaie ? j'ai demandé.

– Ah non, a dit Alceste, parce que si quelqu'un t'a vu, bing, on t'emmène en prison. C'est mon père qui m'a dit ça.

Moi je suis parti en courant, et je suis arrivé à la maison en pleurant. Papa et maman étaient dans le jardin sur les chaises longues.

– Nicolas ! a crié maman, qu'est-ce que tu as ?

– Il faut qu'on aille au commissariat ! j'ai crié.

Papa et maman se sont levés d'un coup.

– Au commissariat ? a demandé papa. Calme-toi, Nicolas. Explique-nous ce qui s'est passé.

Alors, je leur expliqué le coup du porte-monnaie, et de la police qui allait m'emmener en prison si je ne faisais pas le probe. Papa et maman se sont regardés, et ils ont rigolé.

– Montre-moi un peu ce fameux porte-monnaie, m'a dit papa.

J'ai donné le porte-monnaie à papa, qui l'a ouvert et qui a compté le tas d'argent qu'il y avait dedans.

– Quarante-cinq centimes, a dit papa. Eh bien ! on se demande comment les gens n'ont pas peur de se promener avec des sommes pareilles sur eux ! Et moi, Nicolas, je me demande si tu ne devrais pas mettre cet argent dans ta tirelire pour leur apprendre à être moins distraits !

– Oh ! non, j'ai crié. Il faut le rendre au commissariat.

– Nicolas a raison, a dit maman. Et je le félicite d'être aussi honnête.

– C'est vrai, a dit papa, en se rasseyant sur sa chaise longue.

– Eh bien, Nicolas, tu n'as qu'à aller au commissariat.

– J'ai peur d'y aller seul, j'ai dit.

– Tu devrais l'accompagner, a dit maman.

– C'est entendu, a dit papa.

– Tout de suite, j'ai dit.

– Nicolas, tu commences à m'ennuyer, m'a dit papa. Nous irons au commissariat un de ces jours.

Alors moi, je me suis remis à pleurer, j'ai dit que si je ne portais pas le porte-monnaie tout de suite, la police allait venir me chercher pour m'emmener en prison, qu'on m'avait sûrement vu ramasser le porte-monnaie, et que si on n'allait pas rendre le porte-monnaie tout de suite, je me tuerais.

– Tu devrais aller avec lui, a dit maman. Il est très énervé.

– Mais, a dit papa, je viens de me changer, je suis fatigué, tu ne crois tout de même pas que je vais me rhabiller pour aller porter un vieux porte-monnaie minable avec quarante-cinq centimes dedans au commissariat, non ? Ils vont se moquer de moi ; ils vont me prendre pour un fou !

– Ils vont te prendre pour un père qui encourage son fils à faire des actes de probité, a dit maman.

– Alceste me l'a expliqué, le coup de la probité, j'ai dit.

– Ton ami Alceste commence à me fatiguer, a dit papa.

Maman a dit à papa que cet incident était plus sérieux qu'il n'en avait l'air, et que c'était un devoir pour papa d'inculquer au petit (le petit c'est moi) des notions et des principes, et qu'il devait m'accompagner au commissariat, et papa a dit que, bon, bon, ça va, et il est allé s'habiller.

Quand nous sommes entrés dans le commissariat – moi, j'avais drôlement peur – nous sommes allés jusqu'à un comptoir, derrière lequel il y avait un monsieur. J'ai été étonné, parce qu'il n'était pas habillé en uniforme comme le père de Rufus.

– Vous désirez ? a demandé le détective.

– Nous avons trouvé, c'est-à-dire, mon petit garçon a trouvé un porte-monnaie, a expliqué papa. Alors, nous venions le rapporter.

– Vous avez l'objet ? a demandé le détective.

Papa a donné le porte-monnaie au détective, qui l'a ouvert et qui a regardé papa.

– Quarante-cinq centimes ? il a demandé.

– Quarante-cinq centimes, a dit papa.

Et un monsieur, qui est sorti d'un bureau, s'est approché du comptoir et il a demandé :

– De quoi s'agit-il, Lefourbu ?

– C'est ce monsieur, a expliqué le détective, qui a trouvé un porte-monnaie, Monsieur le Commissaire.

– C'est-à-dire que c'est mon petit garçon qui l'a trouvé dans la rue, a expliqué papa.

Le commissaire a pris le porte-monnaie, il a compté l'argent qu'il y avait dedans, il a fait un grand sourire, il s'est penché vers moi, et je me suis mis derrière papa.

– Mais c'est très bien, ça, mon petit garçon, a dit le commissaire, c'est un acte de probité, et je t'en félicite. Je vous félicite aussi, monsieur, d'avoir un petit garçon honnête.

– Nous essayons de lui inculquer des notions et des principes, a dit papa, qui avait l'air bien content. Allons, gros bêta, n'aie pas peur, donne la main à M. le Commissaire.

Le commissaire m'a serré la main, il m'a demandé si je travaillais bien à l'école, moi je lui ai dit que oui, et j'espère qu'il ne saura pas que j'ai fait quatorzième en arithmétique.

– J'étais sûr qu'un petit garçon aussi honnête devait bien travailler à l'école, a dit le commissaire. Eh bien ! nous allons remplir une déclaration au sujet de ce porte-monnaie. Lefourbu passez-moi un formulaire, s'il vous plaît.

Le détective a donné un papier au commissaire, qui a commencé à écrire des choses dessus, et puis il a passé son stylo à papa, et il a dit :

– Je pense, monsieur, qu'il vaudrait mieux que vous remplissiez le formulaire vous-même, au nom de votre enfant. Alors, vous mettez la date, l'endroit où l'objet a été trouvé, l'heure approximative, et vous signez… C'est ça, merci.

Et le commissaire m'a expliqué que le porte-monnaie allait être porté dans le bureau des objets trouvés, et que si personne ne venait le chercher, dans un an, il serait à moi.

– On vous apporte souvent des objets comme ça ? a demandé papa.

– Ah ! mon cher monsieur, a dit le commissaire, vous n'avez pas idée de tout ce que les gens peuvent perdre sur la voie publique ! Je pourrais vous en raconter, allez ! Et, malheureusement, il n'y a pas toujours de petits garçons aussi probes que le vôtre pour rapporter ce que perdent ces étourdis !

Et puis, le commissaire m'a donné la main, il a donné la main à papa, nous avons donné la main au détective, tout le monde faisait des grands sourires, et c'était chouette comme tout. Nous sommes arrivés à la maison, très contents, et j'ai raconté à maman tout ce qui s'était passé, et maman m'a embrassé. Et là où je suis fier, c'est que nous sommes tous drôlement probes à la maison, parce que papa est ressorti tout de suite en courant pour aller rapporter le stylo au commissaire.

POTION
DÉGOUTANTE
GOUT
RÉPUGNANT
UNE LOUCHE
TOUTE LES
HEURES

Le médicament

LA NUIT DE DIMANCHE, j'ai été très malade, et lundi matin, maman a téléphoné à l'école pour prévenir que je n'irais pas.

Mais moi je n'étais pas content, parce que maman a téléphoné aussi au docteur pour lui dire qu'on irait le voir. Moi je n'aime pas aller chez le docteur. C'est vrai, ils vous disent qu'ils ne vont pas vous faire mal, et puis, bing ! ils vous vaccinent.

– Mais ne pleure pas, gros bêta, m'a dit maman. Il ne va pas te faire mal, le docteur !

J'étais encore en train de pleurer quand nous sommes arrivés chez le docteur et que nous attendions dans le salon. Et puis, une dame habillée en blanc nous a dit que c'était à nous d'entrer ; moi je ne voulais pas y aller, mais maman m'a tiré par le bras.

– C'est Nicolas qui fait tout ce tapage ? a demandé le docteur qui se lavait les mains en rigolant. Non, mais ça ne va pas, bonhomme ? Tu veux chasser tous mes clients ? Allons, ne sois pas bête, je ne vais pas te faire de mal.

Maman lui a expliqué ce que j'avais, et puis le docteur a dit :

– Bon, nous allons voir ça. Déshabille-toi Nicolas.

Je me suis déshabillé, et puis le docteur m'a pris dans ses bras pour me coucher sur un canapé couvert d'un drap blanc.

– Mais enfin, a dit le docteur, en voilà une façon de trembler ! Tu es un homme pourtant, Nicolas ! Et tu me connais ; tu sais bien que je ne te mangerai pas. Du calme !

Le docteur a mis une serviette sur moi, il a écouté, il m'a fait tirer la langue, il a appuyé ses mains un peu partout, et puis il m'a pris le bout du nez entre ses doigts.

– Allons ! Ce n'est pas bien grave ! Nous allons nous arranger pour que tu n'aies plus bobo. Et à propos : je t'ai fait vraiment très mal ? Tu as beaucoup souffert ?

– Non, j'ai dit, et j'ai rigolé. C'est vrai qu'il est chouette le docteur.

Alors, le docteur m'a dit de me rhabiller, et puis il est allé s'asseoir derrière son bureau, et il a parlé à maman tout en écrivant des choses sur un papier.

– Ce n'est rien du tout, a dit le docteur. Faites-lui prendre ce médicament ; cinq gouttes dans un verre d'eau, avant chaque repas, y compris le matin. Et revenez me voir dans trois ou quatre jours.

Et puis, le docteur m'a regardé, il a rigolé, et il m'a dit :

– Mais ne fais pas cette tête-là, Nicolas ! Je ne vais pas t'empoisonner, tu sais ! Il est très bon, ce médicament, il n'a aucun goût. Je le recommande uniquement aux amis.

Et le docteur m'a donné une petite claque pour rigoler, il a rigolé, mais moi je n'ai pas rigolé parce que je n'aime pas les médicaments ; c'est drôlement mauvais et quand on ne veut pas les prendre, ça fait des histoires à la maison.

– Il vous en faut de la patience, docteur ! a dit maman.

– Oh, vous savez, on s'y fait, a dit le docteur en nous raccompagnant à la porte, au bout de quelques années de pratique, on finit par connaître à fond ces petits bonshommes… Veux-tu cesser de pleurer, phénomène, ou je te fais une piqûre !

Quand nous sommes sortis de chez le docteur, j'ai dit à maman que je ne prendrais pas le médicament, que je préférais être malade.

– Écoute, Nicolas, tu vas être raisonnable, m'a dit maman. Nous allons acheter le médicament et tu vas le prendre comme un grand garçon courageux que tu es. Parce que tu es courageux, n'est-ce pas ?

– Ben oui, j'ai dit.

– Mais bien sûr, a dit maman. Alors, tu vas te conduire comme un homme. Et papa sera fier quand il verra son Nicolas prendre son médicament sans faire d'histoires. Je me demande même s'il ne t'emmènera pas au cinéma, dimanche prochain.

Nous sommes allés à la pharmacie, et maman a acheté le médicament, une chouette petite bouteille dans une jolie boîte bleue, avec, devinez quoi ? Un compte-gouttes !

Nous sommes arrivés à la maison avant papa, qui revenait pour déjeuner.

– Alors ? a demandé papa.

– Ce n'est rien, je t'expliquerai, lui a dit maman. Et tu sais quoi ? Le docteur m'a fait acheter un médicament pour Nicolas, rien que pour lui. Comme pour une grande personne.

– Un médicament ? a dit papa en me regardant et en se frottant le menton. Bon, bon, bon.

Et papa est allé enlever son pardessus.

À table, maman a apporté un verre d'eau, elle a pris le médicament, et avec le compte-gouttes, elle a mis cinq gouttes dans le verre, elle a mélangé avec une petite cuiller, et elle m'a dit :

– Allez ! Bois d'un coup, Nicolas ! Hop !

Alors j'ai bu, ça n'avait aucun goût, et papa et maman m'ont embrassé.

L'après-midi, je suis resté à la maison, c'était très chouette, j'ai joué avec mes soldats, et puis quand maman a préparé la table pour le dîner, elle a mis le médicament à côté de mon assiette.

– Je peux déjà le prendre ? j'ai demandé.

– Attends que nous soyons à table, a dit maman.

Et puis, quand nous nous sommes assis à table, maman m'a laissé mettre les gouttes moi-même, et papa a dit qu'il était fier de moi, et qu'il se demandait bien si on n'irait pas au cinéma dimanche prochain.

En me levant, le matin, j'ai dit à maman de ne pas oublier de me donner mon médicament, et maman a rigolé et elle a dit qu'elle n'oubliait pas. J'ai pris le médicament, j'ai mis les cinq gouttes dans le verre d'eau, je les ai bues, et puis j'ai mis le médicament dans mon cartable.

– Mais qu'est-ce que tu fais, Nicolas ? m'a demandé maman.

– Ben, j'emmène le médicament à l'école, je lui ai répondu.

– À l'école ? Mais tu es fou ? m'a demandé maman.

Moi, je lui ai expliqué que je n'étais pas fou, mais que j'étais malade, et que j'aurais peut-être besoin du médicament à l'école, et que je voulais le montrer aux copains. Mais maman n'a rien voulu savoir, elle a sorti le médicament de mon cartable, et quand j'ai commencé à pleurer, elle m'a dit que je cesse cette comédie, et que si je continuais, je n'aurais plus jamais de médicament.

Quand je suis arrivé à l'école, les copains m'ont demandé pourquoi je n'étais pas venu à l'école hier.

– J'étais malade, je leur ai raconté. Alors, je suis allé chez le docteur, il a dit que c'était drôlement grave, et il m'a donné un médicament.

– Et il est mauvais, le médicament ? m'a demandé Rufus.

– Terrible ! j'ai dit. Mais moi ça ne me fait rien, parce que je suis drôlement courageux. C'est un médicament pour grandes personnes, dans une boîte bleue.

– Bah ! L'année dernière, j'ai pris un médicament encore plus terrible que le tien, a dit Geoffroy. C'était des vitamines.

– Ah oui ? je lui ai demandé. Et ton médicament, il avait un compte-gouttes, je vous prie ?

– Et ça veut dire quoi, ça ? a demandé Geoffroy.

– Ça veut dire que ton médicament me fait bien rigoler, je lui ai répondu. Parce que le mien a un compte-gouttes.

– Nicolas a raison, a dit Eudes à Geoffroy. Ton médicament, il nous fait tous rigoler.

Et pendant que Geoffroy et Eudes se battaient, Alceste nous a raconté qu'une fois, le docteur lui avait donné à prendre un médicament pour lui couper l'appétit, et que sa mère lui avait défendu de continuer à en prendre depuis le jour où elle l'avait vu boire du médicament en cachette entre les repas.

En classe, la maîtresse m'a demandé si ça allait mieux, et moi je lui ai expliqué que je prenais un médicament terrible, et la maîtresse m'a dit que c'était très bien, et elle nous a fait faire une dictée.

Jeudi, maman et moi nous sommes retournés chez le docteur, et cette fois-ci, je n'avais plus peur du tout.

– J'aime mieux te voir comme ça, a dit le docteur. Déshabille-toi, mon lapin.

Je me suis déshabillé, le docteur m'a écouté, il m'a fait tirer la langue, il a demandé à maman si j'avais encore eu des ennuis, et puis il m'a dit de me rhabiller.

– C'est fini, a dit le docteur. J'aime autant que vous arrêtiez le traitement.
Et puis, en rigolant, le docteur a fait semblant de me donner un coup de poing au menton.

– J'ai une bonne nouvelle pour toi, mon gros, il m'a dit. Tu es guéri et tu ne prendras plus de médicament !

Alors, je me suis mis à pleurer, et le docteur ne nous a pas raccompagnés jusqu'à la porte.

Il est resté assis derrière son bureau sans rien dire.

TISSUS

On a fait des courses

Nous étions à table, quand maman a dit : « Il faut absolument que j'aille acheter un costume pour Nicolas. J'ai essayé de nettoyer les taches de son costume bleu marine, mais c'est impossible ! »

Papa m'a regardé avec de gros yeux et il a dit : « Cet enfant coûte une fortune à habiller ! Il détruit ses vêtements aussi vite que je les lui achète. Il faudrait lui trouver une armure en acier inoxydable. » Moi, j'ai dit que c'était une bonne idée, une armure c'est mieux qu'un de ces costumes bleu marine que je n'aime pas parce qu'on a l'air d'un guignol, dedans. Mais maman s'est mise à crier que je n'aurais pas d'armure, que j'aurais un nouveau costume bleu marine et que je finisse de manger ma pomme parce que nous allions partir tout de suite pour aller au magasin.

Nous sommes entrés dans le magasin, qui est très grand, avec des tas et des tas de lumières, de gens et de choses et il y avait aussi des escaliers mécaniques. C'est chouette, les escaliers mécaniques, c'est plus amusant que les ascenseurs.

Un monsieur a dit à maman que les costumes garçonnets, c'était au quatrième étage. On a donc pris l'escalier mécanique avec maman qui me tenait fort par la main et qui me disait : « Nicolas, pas de bêtises, hein ! » Au quatrième, nous avons trouvé un monsieur, très bien habillé et très souriant, il avait une bouche pleine de dents drôlement blanches, qui s'est approché de maman. « Madame ? » il a fait et maman lui a expliqué qu'elle venait acheter un costume pour moi. « Quel genre de costume te plairait, mon petit bonhomme ? » il m'a demandé, le monsieur, toujours avec un grand sourire. « Moi, je lui ai dit, ce que j'aimerais, c'est un costume de cow-boy. » « C'est au sixième étage, section jouets », m'a répondu le monsieur avec un grand sourire. Alors, j'ai dit à maman de me suivre et j'ai pris l'escalier mécanique pour aller au sixième. « Nicolas ! Veux-tu venir ici, tout de suite ! » a crié maman. Comme elle n'avait pas l'air trop contente, j'ai essayé de descendre l'escalier qui montait, mais c'était très dur. Et puis, on est gêné par les gens qui montent, pour descendre par l'escalier qui monte. Les gens disaient : « Cet enfant va se faire mal. » Et puis : « Il ne faut pas jouer dans les escaliers. » Et aussi : « Il y a des gens qui ne savent pas surveiller leurs enfants ! » Finalement, j'ai été obligé de monter avec tout le monde.

Arrivé au cinquième étage, j'ai pris l'escalier qui descendait, pour rejoindre maman. Mais au quatrième, je n'ai pas vu maman et un monsieur m'a dit : « Ah, te voilà ! Ta maman vient de monter pour te chercher ! » Après, j'ai reconnu le monsieur, c'était celui qui souriait tout le temps et qui ne souriait plus du tout.

Il est mieux quand on lui voit les dents, mais je ne le lui ai pas dit, parce que je me suis dépêché de retourner au cinquième étage où devait m'attendre maman.

Au cinquième, c'est épatant, je n'ai pas vu maman, mais c'est là où on vend les choses pour le sport. Il y avait de tout ! Des skis, des patins, des ballons de football, des gants de boxe. J'ai essayé les gants de boxe pour voir. Bien sûr, ils étaient trop grands pour moi, mais on a une drôle d'allure avec ça. Ces gants feraient bien plaisir à mon ami Eudes. Eudes, c'est celui qui est très fort et qui aime donner des coups de poing sur le nez des copains et il se plaint que, souvent, les copains ont le nez dur et ça lui fait mal.

J'étais en train de me regarder dans une glace quand un monsieur, avec un grand sourire, est venu et il m'a demandé ce que je faisais là. Je lui ai dit que je cherchais ma maman, que je l'avais perdue dans les escaliers mécaniques. Alors, le monsieur a cessé de sourire et lui ça lui allait bien, parce qu'il avait des dents dans tous les sens et il vaut mieux qu'il mette les lèvres par-dessus. Le monsieur m'a pris par la main et il m'a dit : « Viens. » Et il est parti avec un de mes gants de boxe. Il a fait quelques pas, puis il s'est arrêté, il a regardé le gant de boxe dans sa main et il est revenu me chercher. Il m'a demandé où j'avais trouvé ces gants, je lui ai expliqué que je les avais trouvés sur un comptoir, mais qu'ils étaient un peu grands, même pour Eudes. Le monsieur m'a pris les gants et il m'a emmené avec lui ; cette fois, nous avons pris l'ascenseur.

Nous sommes arrivés à l'étage des jouets, devant une sorte de bureau avec une pancarte : « Objets trouvés – Enfants égarés ». Dans le bureau, il y avait une dame habillée comme les infirmières dans les films et un petit garçon qui tenait un ballon rouge d'une main et un cornet de glace dans l'autre. Le monsieur a dit à la dame : « Encore un ! Sa mère ne va tarder à venir, je ne comprends pas comment les gens peuvent perdre les enfants, ce n'est pourtant pas difficile de les surveiller ! »

Pendant que le monsieur parlait à la dame, je suis allé voir les jouets d'un peu plus près. Il y avait une chouette panoplie de cow-boy, avec deux revolvers et un chapeau de boy-scout que je demanderai à papa de m'acheter pour Noël, parce qu'aujourd'hui, je crois que ce sera inutile de demander à maman.

J'étais en train de jouer avec une petite auto, entre les comptoirs, quand le monsieur est revenu. « Ah ! te voilà, garnement ! » il a crié. Il avait l'air très nerveux, il m'a pris par le bras et m'a ramené à la dame. « Je l'ai retrouvé, a dit le monsieur, gardez-le bien, celui-là ! » et il est parti en faisant des grands pas et en se retournant pour me regarder. C'est pour ça qu'il n'a pas vu la petite auto qui était restée entre les comptoirs et qu'il est tombé.

La dame, qui avait l'air très gentille, m'a assis à côté du petit garçon qui léchait sa glace à la fraise. « Il ne faut pas avoir peur, m'a dit la dame, ta maman va venir tout de suite. » La dame est partie un peu plus loin et le petit garçon m'a regardé et il m'a dit : « C'est la première fois que tu viens ici ? »

Je ne le comprenais pas très bien, parce qu'il continuait à lécher tout en parlant. « Moi, il m'a expliqué, c'est la troisième fois que je me perds dans ce magasin. Ils sont chics, si tu pleures un peu, ils te donnent un ballon et une glace. »

À ce moment, la dame est revenue et elle m'a apporté un ballon rouge et une glace à la framboise. « Je n'ai pas pleuré, pourtant », j'ai remarqué. « C'est bon à savoir pour la prochaine fois », a dit le petit garçon.

J'ai commencé à lécher ma glace, quand j'ai vu arriver maman en courant. Quand elle m'a vu, elle s'est mise à crier : « Nicolas ! Mon chéri ! Mon amour ! Ma biscotte ! » et elle m'a donné une claque, ce qui m'a fait lâcher le ballon. Et puis maman m'a pris dans ses bras, elle m'a embrassé et elle s'est mis de la glace à la framboise partout. Elle m'a dit que j'étais un vilain garnement et que je la ferais mourir, alors, je me suis mis à pleurer et la dame m'a apporté vite un autre ballon

et une glace à la vanille. Le petit garçon, quand il a vu ça, il s'est mis à pleurer aussi, mais la dame lui a dit que ça lui ferait sa troisième glace, que ça lui ferait du mal. Alors, le petit garçon s'est arrêté de pleurer en disant : « D'accord, ce sera pour la prochaine fois. »

Maman m'a emmené avec elle et puis elle m'a demandé pourquoi j'étais parti comme ça. Je lui ai dit que c'était pour voir les costumes de cow-boy. « C'est pour ça que tu m'as fait si peur, tu as donc tellement envie d'un costume de cow-boy ? » J'ai répondu que oui, alors maman m'a dit : « Eh bien, Nicolas, je vais te l'acheter tout de suite, ce costume de cow-boy ! » J'ai sauté dans les bras de maman, je l'ai embrassée et je lui ai mis tout plein de glace à la vanille. Elle est drôlement chouette, ma maman. Même avec de la framboise et de la vanille partout.

Le soir, papa n'était pas content. Il ne comprenait pas comment maman, qui était partie pour m'acheter un costume bleu marine, était revenue avec une panoplie de cow-boy et un ballon rouge. Il a dit que la prochaine fois, ce serait lui qui m'emmènerait dans le magasin.

Moi, je trouve que c'est une bonne idée, parce qu'avec papa, je suis sûr de ramener les gants de boxe pour Eudes.

Le Petit Nicolas
DANS TOUTES LES LANGUES

Petit garçon français devenu héros international, le célèbre écolier de Goscinny et Sempé est traduit dans une quarantaine de langues. Qu'il parle allemand, polonais ou grec, le Petit Nicolas est une star !

En Allemagne le Petit Nicolas est « Der Kleine Nick », en Turquie « Pitircik » et en Espagne « El pequeno Nicolàs ».

Restituer à la fois ce langage naïf et si intelligent inventé par Goscinny, en restant fidèle à l'humour poétique des textes de l'écrivain est un exercice périlleux que les traducteurs ont magistralement réussi. Traduire des prénoms aussi peu communs qu'Agnan, Eudes, Rufus, Clotaire ou Alceste relevait de la gageure. Alceste par exemple devient Otto en allemand, Simon en finnois, Vendelin en tchèque et Lüplüp en turc…

En France donc, mais aussi à l'étranger, des milliers d'enfants ont découvert le plaisir de la lecture avec le Petit Nicolas. Désormais, grâce à lui, ils vont pouvoir s'initier aux langues étrangères.

Voici le début de l'histoire « La bonne surprise », traduite dans douze langues différentes : allemand, coréen, tchèque, polonais, grec, finnois, japonais, turc, italien, chinois (simplifié), espagnol et portugais.

Nicolas

Geoffroy

Agnan

Alceste

Clotaire

Eudes

Rufus

Marie-Edwige

Maman

La maîtresse

Mémé

Papa

FRANCE
Le Petit Nicolas

—

Une bonne surprise

Papa est entré dans la maison avec un gros sourire.

« Ma petite famille va être contente, il a dit, j'ai une bonne surprise pour elle. Regardez par la fenêtre et dites-moi ce que vous voyez. » « Je vois un agent de police en train de mettre une contravention sur une auto verte », a dit maman. Alors papa n'a plus souri et il est sorti en courant. Maman et moi, nous l'avons suivi.

Papa était sur le trottoir, en train de parler avec un agent de police qui écrivait des tas de choses sur un petit papier bleu, avec le même air que le Bouillon, notre surveillant, quand il prend nos noms pour nous punir.

« Mais enfin, monsieur l'agent, disait papa, je ne comprends pas… » « Cette voiture est stationnée devant une sortie de garage », a répondu l'agent.

Nick

Georg

Adalbert

Otto

Chlodwig

Franz

Roland

Marie-Hedwig

Mama

Unsere Lehrerin

Oma

Papa

ALLEMAGNE
Der Kleine Nick

—

Eine schöne Überraschung

Papa ist heute ganz fröhlich nach Hause gekommen.

»Meine kleine Familie wird sich freuen«, hat er gesagt. »Ich habe eine schöne Überraschung für sie. Schaut mal aus dem Fenster und sagt mir, was ihr seht!«

»Ich sehe einen Polizisten, der einen Strafzettel ausfüllt, beieinem grünen Auto«, hat Mama gesagt.

Papa hat nicht mehr gelächelt und er ist rausgerannt. Mama und ich, wir sind ihm gefolgt. Papa stand auf dem Bürgersteig und redete mit einem Polizisten und der schrieb jede Menge auf einen kleinen Notizblock mit dem gleichen Gesichtsausdruck, den Herr Hühnerbrüh hat, wenn er unsere Namen aufschreibt wegen einer Strafe.

»Aber hören Sie, Herr Wachtmeister«, hat Papa gesagt. »Ich verstehe nicht –« – »Dieses Fahrzeug ist vor einer Garagenausfahrt abgestellt«, hat der Polizist gesagt.

小尼古拉

乔方

阿蔫

亚三

科豆

欧多

鲁飞

曼娃

妈妈

老师

姥姥

爸爸

CHINE
小尼古拉

—

意外惊喜

爸爸回家的时候满脸带笑.

«你们肯定会高兴,» 他说, «我给你们带来一个好信息. 你们看看窗外, 然后告诉我看见了什么.» «我看见有个警察正在给一辆绿车写罚款单.» 妈妈说. 爸爸一下子收住笑跑了出去, 我和妈妈跟着他爸爸站在路边上跟一位警察说话. 警察正在一张小蓝纸上写好多字, 样子很像我们学校的学监沸汤, 他叫我门的名字惩罚我们的时候就是这个样子.

"警官先生", 爸爸说, "我不明白......" "这辆车停在一家人的车库门前." 警察说.

니콜라

조프루아

아냥

알세스트

클로테르

외드

뤼퓌스

마리 에드위

엄마

선생님

메메

아빠

CORÉE
꼬마 니콜라

—

깜짝 선물

아빠가 함박웃음을 띠고 집으로 들어왔다.
"우리 가족한테 아주 신나는 일이 있어. 내가 깜짝 선물을 준비 했거든. 창밖에 뭐가 보이는지 이야기해봐."아빠가 말했다.
"어떤 경찰관이 초록색 자동차에 주차위반 딱지를 붙이는 게 보이는데?"
엄마가 말했다. 그러자 아빠의 얼굴에서 웃음이 싹 가셨다. 아빠 는 얼른 밖으로 뛰어나갔고, 나와 엄마도 따라 나갔다.
아빠는 경찰관 아저씨와 실랑이하는 중이었다. 경찰관 아저씨는 조그만 파란 종이에 뭐라고 잔뜩 적고 있었다. 꼭 우리 학생주임인 부이옹 선생님이 벌받을 아이들의 이름을 적을 때하고 비슷했다.
"하지만 경찰관님, 이해가 안 되는군요."
아빠가 말했다.
"이 차가 지금 주차장 입구를 막고 정차해 있잖습니까?"
경찰관이 대꾸했다.

Nicolás

Godofredo

Aniano

Alcestes

Clotario

Eudes

Rufo

María Eduvigis

Mamá

La profe

La abuela

Papá

ESPAGNE
El Pequeño Nicolás

—

La bonita sorpresa

Papá entró en casa con una sonrisa de oreja a oreja.

– Mi querida familia va a alegrarse mucho – dijo –. Os he traído una bonita sorpresa. Mirad por la ventana y decidme lo que veis.

– Veo a un guardia poniéndole una multa a un coche verde – dijo mamá.
Y papá dejo de sonreir y salió corriendo. Mamá y yo le seguimos.

Papá estaba en la acera, hablando con un guardia que escribía un montón de cosas en un papelito azul, con la misma expresión que el Caldo, nuestro vigilante, cuanto apunta nuestros nombres para castigarnos en el cole.

– Pero vamos a ver, agente– decía papá –. No comprendro…

– Este coche está estacionado delante de una salida de garaje – constetó el guardia.

Nikke

Jori

Albert

Simon

Kloku

Henri

Ruffe

Ann-Marie

Äiti

Opettaja

Mummi

Isä

FINLANDE
Pikku Nikke

—

Hauska yllätys

Isa tui töistä kotiin leveästi hymyillen

– Minulla on pikku perheelleni oikein hauska yllätys, isä sanoi. – Katsokaapa ikkunasta ja sanokaa mitä näette.

– Minä näen poliisin joka kirjoittaa sakkolappua virhreälle autolle, äiti sanoi. Silloin isä lakkasi hymyilemästä ja juoksi ulos ovesta. Äiti ja minä mentiin perässä.

Isä seisoi jalkakäytävällä ja puhui konstaapelille, joka kirjoitti ahkerasti sinisellle paperilapulle samannäköisenä kuin Soppa, meidän välituntivalvoja, kun se ottaa meidän nimet ylös kun me ollan tehty jotain kiellettyä.

– Minä en nyt oikein ymmärrä mistä on kysymys, herra konstaapeli, isä sanoi.

– Tämä auto on pysäköity autotallin oven eteen, konstaapeli vastasi.

Νικόλας

Ζοφρουά

Ανιάν

Αλσέστ

Κλοτέρ

Εντ

Ρούφους

Άννα Μαρία

Μαμά

Κύριος Μπλεντόρ

Γιαγιά

Μπαμπάς

GRÈCE

Ο Μικρός Νικόλας

—

Μια ωραία έκπληξη

Ο μπαμπάς μπήκε στο σπίτι μ’ ένα μεγάλο χαμόγελο.

«Η μικρή μου οικογένεια θα χαρεί», είπε, «έχω μια ωραία έκπληξη για σας. Κοιτάξτε από το παράθυρο και πείτε μου τι βλέπετε». «Βλέπω έναν αστυνόμο που κόβει μια κλήση σ’ ένα πράσινο αυτοκίνητο», είπε η μαμά. Τότε ο μπαμπάς σταμάτησε να χαμογελάει και βγήκε έξω τρέχοντας. Η μαμά κι εγώ τον ακολουθήσαμε.

Ο μπαμπάς ήταν στο πεζοδρόμιο και μιλούσε μ' έναν αστυνόμο, που έγραφε ένα σωρό πράγματα σ' ένα μικρό πράσινο χαρτί, με το ίδιο ύφος που έχει και ο Σουπιάς, ο επιστάτης μας, όταν γράφει τα ονόματά μας για να μας τιμωρήσει.

"Μα επιτέλους, κύριε αστυνόμε", έλεγε ο μπαμπάς, "δεν καταλαβαίνω..." "Αυτό το αυτοκίνητο είναι σταθμευμένο μπροστά στην πόρτα του γκαράζ", απάντησε ο αστυνόμος.

Nick

Geoffroy

Agnan

Alceste

Clotaire

Eudes

Rufus

Marie-Edwige

Mamma

La maestra

Oma

Papá

ITALIE
Il Piccolo Nicolas

—

Una bella sorpresa

Papà è entrato in casa con un gran sorriso.

« La mia famigliola sarà felice – ha detto. – Ho una bella sorpresa per tutti. Affacciatevi alla finestra e ditemi cosa vedete ». « Vedo un vigile che sta facendo una multa a una macchina verde», ha detto la mamma. Allora papà non ha sorriso più ed è uscito di corsa. Io e la mamma gli siamo andati dietro.

Papà era sul marciapiede e parlava con un vigile che scriveva un sacco di cose su un fohlietto azzurro, con la stessa faccia che fa il Pavone, il nostro sorvegliante, quando si segna i nostri nomi per darci le punizioni.

« Ma insomma, signor vigile — diceva papà, — non capisco… ». « Questa macchina è parcheggiata davanti all'uscita di un garage », ha risposto il vigile.

Mikołaj

Gotfryd

Ananiasz

Alcest

Kleofas

Euzebiusz

Rufus

Jadwinia

Mama

Pani

Bunia

Tata

POLOGNE
Mikołajek

—

Miła niespodzianka

TATA WSZEDŁ DO DOMU uśmiechnięty od ucha do ucha.

– Moja rodzinka się ucieszy – oznajmił. – Mam dla niej miłą niespodziankę. Wyjrzyjcie przez okno i powiedzcie, co widzicie.

– Widzę policjanta, który stoi przy zielonym samochodzie i wypisuje mandat – powiedziała mama.

Wtedy tata przestał się uśmiechać i wybiegł z domu. A my z mamą za nim.

Tata stał na chodniku i rozmawiał z policjantem, który pisał mnóstwo rzeczy na niebieskiej karteczce z taką samą miną jak Rosół, nasz opiekun, kiedy notuje nasze nazwiska, żeby nas ukarać.

– Ale, panie władzo – mówił tata – nie rozumiem...

– Ten samochód zaparkowany jest przed wjazdem do garażu – odpowiedział policjant.

Nicolau

Godofredo

Agnan

Alceste

Clotário

Eudes

Rufus

Maria Edvige

Mamã

A professora

Vovó

Papá

PORTUGAL
O Menino Nicolau

—

A boa surpresa

O PAPÁ ENTROU em casa com um grande sorriso.

— A minha familiazinha vai ficar contente — disse ele —, tenho uma boa surpresa. Olhem pela janela e digam-me o que vêem.

— Eu vejo um agente da polícia a passar uma multa a um carro verde — disse a mamã.

Então o papá deixou de sorrir e saiu a correr. A mamã e eu fomos atrás dele.

O papá estava no passeio, a falar com um agente da polícia que escrevia uma data de coisas num papelinho azul, com o mesmo ar que o Caldo, o nosso vigilante, quando escreve os nossos nomes para nos castigar.

— Mas afinal, senhor agente — dizia o papá —, não compreendo...

— Este carro está estacionado à frente de uma garagem — respondeu o agente.

Mikuláš

Augustýn

Celestýn

Vendelín

Kryšpín

Albín

Viktorín

Marie-Hedvika

Maminka

Paní učitelka

Bábinka

Tatínek

RÉPUBLIQUE TCHÈQUE
Mikulášovy patálie

—

Příjemné překvapení

Tatínek přišel domů s úsměvem od ucha k uchu.

„Moje rodinka bude mít radost," řekl nám, „mám pro vás příjemné překvapení. Podívejte se oknem ven a povězte mi, co vidíte." – „Vidím strážníka, jak dává pokutu zelenému autu," řekla maminka. Tatínek se přestal usmívat a utíkal ven. My s maminkou za ním.

Tatínek na chodníku rozmlouval se strážníkem, který právě psal spoustu věcí na modrý papír a tvářil se při tom stejně jako Polívka, když si zapisuje naše jména, aby nám dal trest.

„Prosím vás, pane strážníku," říkal tatínek, „já nechápu..." – „Toto auto stojí před garáží," odpověděl strážník.

Pıtırcık

Gümüş

Çarpım

Lüplüp

Dalgacı

Toraman

Sırım

Sırma

Anne

Öğretmen

Anneanne

Baba

TURQUIE
Pitircik

—

Güzel bir sürpriz

Babam eve yüzünde kocaman bir gülümsemeyle girdi.

"Bu akşam ailem çok sevinecek," dedi. "Onlara güzel bir sürprizim var. Pencereden dışarı bir bakın bakalım ne göreceksiniz."

"Yeşil bir arabaya ceza kesen bir trafik polisi görüyorum," dedi annem.

Babamın yüzündeki gülümseme yok oldu. Koşarak dışarı çıktı. Annemle ben de onu izledik.

Babam kaldırımdaydı, kücük mavi bir kâğıda bir sürü şey yazan trafik polisiyle konuşuyordu. Polisin tıpkı okuldaki gözetmenimiz Karagöz gibi bir hali vardı. O da ceza vermek için adlarımızı alırken böyle bir ifade takınır.

"Ama polis bey, anlayamıyorum..." diyordu babam.

"Arabanızı garaj çıkışına park etmişsiniz," dedi polis.

Nicolas

Geoffroy

Agnan

Alceste

Clotaire

Eudes

Rufus

Marie-Edwige

Mẹổ

Cô giáo

Bà

Bổ

VIETNAM
Nhóc Nicolas

—

Điều ngạc nhiên thú vị!

Bố bước vào nhà với một nụ cười thỏa mãn. «Cả nhà mình sẽ rất thích đây này, bố nói, tôi có một điều ngạc nhiên thú vị đây này. Hãy nhìn qua cửa sổ và nói xem đã nhìn thấy cái gì nào.» «Em thấy một ông cảnh sát đang viết biên lai phạt một cái ô tô màu xanh», mẹ nói. Thế là bố không cười nữa và chạy ra ngoài. Mẹ và tôi cùng chạy theo.

Bố ở trên vỉa hé, đang nói vói một ông cảnh sát đang viết một lô lốc nhửng gì đó trên một tờ giây nhỏ màu xanh, với cái vẻ y chang thấy Nước Lèo, thấy giám thị của chúng tôi, khi thấy ghi tên chúng tôi để phạt.

"Nhưng mà, thưa ông cảnh sát, bố nói, tôi không hiểu ..." "Chiếc xe này đã đỗ chắn lối ra của mộtt cái gara", viên cảnh sát nói.

Biographies et bibliographies

René Goscinny

Jean-Jacques Sempé

Chez IMAV éditions

- Des mêmes auteurs -

Le Petit Nicolas • *Les vacances du Petit Nicolas*
Les récrés du Petit Nicolas • *La rentrée du Petit Nicolas*
Le Petit Nicolas et les copains • *Le Petit Nicolas c'est Noël !*
Le Petit Nicolas a des ennuis • *Les bêtises du Petit Nicolas*
Le Petit Nicolas et ses voisins • *Les surprises du Petit Nicolas*

Histoires inédites du Petit Nicolas - vol. I
Globe de cristal 2006 - Prix de la presse pour les arts et la culture
Histoires inédites du Petit Nicolas - vol. II
Le Petit Nicolas - Le ballon et autres histoires inédites
Les Premières Histoires du Petit Nicolas

Le Petit Nicolas en latin

- Collection Langues de France -

Le Petit Nicolas en corse • *Le Petit Nicolas en yiddish*
Le Petit Nicolas en arabe maghrébin • *Le Petit Nicolas en breton*

- Également -

Du Panthéon à Buenos Aires
René Goscinny – Chroniques illustrées
Tous les visiteurs à terre !
René Goscinny – Roman illustré
René Goscinny, mille et un visages
Présenté par José-Louis Bocquet – Collectif

Iznogoud Président – Les Nouvelles Aventures d'Iznogoud
Nicolas Canteloup, Laurent Vassilian, Nicolas Tabary - d'après Goscinny et Tabary
Iznogoud, 25 histoires de 1962 à 1978
Goscinny et Tabary

- René Goscinny -

« JE SUIS NÉ le 14 août 1926 à Paris et me suis mis à grandir aussitôt après. Le lendemain, c'était le 15 août et nous ne sommes pas sortis. » Sa famille émigre en Argentine où il suit toute sa scolarité au Collège français de Buenos Aires : « J'étais en classe un véritable guignol. Comme j'étais aussi plutôt bon élève, on ne me renvoyait pas. » C'est à New York qu'il commence sa carrière.

Rentré en France au début des années 1950, il donne naissance à toute une série de héros légendaires ; Goscinny imagine les aventures du Petit Nicolas avec Jean-Jacques Sempé, inventant un langage de gosse qui va faire le succès du célèbre écolier. Puis Goscinny crée *Astérix* avec Albert Uderzo. Le triomphe du petit Gaulois sera phénoménal. Traduites en 130 langues et dialectes, les aventures d'Astérix font partie des œuvres les plus lues dans le monde. Auteur prolifique, il réalise en même temps *Lucky Luke* avec Morris, *Iznogoud* avec Tabary, *Les Dingodossiers* avec Gotlib, etc.

À la tête du journal *Pilote*, il révolutionne la bande dessinée, l'érigeant au rang de « 9e art ».

Cinéaste, Goscinny crée les Studios Idéfix avec Uderzo et Dargaud. Il réalise quelques chefs-d'œuvre du dessin animé : *Astérix et Cléopâtre, Les Douze Travaux d'Astérix, Daisy Town* et *La Ballade des Dalton*. Il recevra à titre posthume un César pour l'ensemble de son œuvre cinématographique.

Le 5 novembre 1977, René Goscinny meurt à l'âge de 51 ans. Hergé déclare : « Tintin s'incline devant Astérix. » Ses héros lui ont survécu et nombre de ses formules sont passées dans notre langage quotidien : « tirer plus vite que son ombre », « devenir calife à la place du calife », « être tombé dedans quand on était petit », « trouver la potion magique », « ils sont fous ces Romains »...

Scénariste de génie, c'est au travers des aventures du Petit Nicolas, enfant malicieux aux frasques redoutables et à la naïveté touchante, que Goscinny donne toute la mesure de son talent d'écrivain. Ce qui lui fera dire : « J'ai une tendresse toute particulière pour ce personnage. »

- Bibliographie -

Éditions Hachette

Astérix, 25 volumes (avec Uderzo)

Éditions Albert René

Comment Obélix est tombé dans la marmite du druide quand il était petit (avec Uderzo)
Astérix et la rentrée gauloise (avec Uderzo)

Astérix, 9 albums, Uderzo sous la double signature Goscinny et Uderzo

Astérix chez les Pictes, Jean-Yves Ferry et Didier Conrad d'après Goscinny et Uderzo

D'après les dessins animés et les films :
Astérix et la surprise de César
Le Coup du menhir
Astérix et les Indiens
Astérix et les Vikings
Astérix aux Jeux olympiques
Astérix et Obélix au service de Sa Majesté

Oumpah-Pah, 3 volumes (avec Uderzo)
Jehan Pistolet, 4 volumes (avec Uderzo)

Éditions Lefrancq

Luc Junior, 2 volumes (avec Uderzo)
Benjamin et Benjamine. Les naufragés de l'air (avec Uderzo)

Éditions Dupuis

Lucky Luke, 22 volumes (avec Morris)
Jerry Spring. La piste du Grand Nord (avec Jijé)

Éditions Lucky Comics

Lucky Luke, 19 volumes (avec Morris)

Éditions Dargaud

Les Dingodossiers, 3 volumes (avec Gotlib)
Iznogoud, 8 volumes (avec Tabary)
Les Divagations de Monsieur Sait-Tout (avec Martial)

Éditions du Lombard

Modeste et Pompon, 3 volumes (avec Franquin)
Chick Bill, La bonne mine de Dog Bill (avec Tibet)
Spaghetti, 11 volumes (avec Attanasio)
Strapontin, 6 volumes (avec Berck)

Éditions Denoël

La Potachologie, 2 volumes (avec Cabu)
Les Interludes

Éditions Tabary

Valentin le vagabond (avec Tabary)

Éditions Vents d'Ouest

Les Archives Goscinny, 4 volumes

Éditions Kunen Publishers

Playtime Stories (avec Fred Ottenheimer)
The Monkey in the Zoo (avec Fred Ottenheimer)
Water Pistol Pete and Flying Arrow (avec Fred Ottenheimer)
The Little Red Car (avec Elliot Liebow et Harvey Kurtzman)
Round the World (avec Fred Ottenheimer)
The Jolly Jungle (avec Fred Ottenheimer)

Éditions du Livre Français

La Fille aux yeux d'or, texte de Balzac, dessins de Goscinny

- Jean-Jacques Sempé -

« QUAND J'ÉTAIS GOSSE, le chahut était ma seule distraction. »

Sempé est né le 17 août 1932 à Bordeaux. Études plutôt mauvaises, renvoyé pour indiscipline du Collège moderne de Bordeaux, il se lance dans la vie active : homme à tout faire chez un courtier en vin, moniteur de colonies de vacances, garçon de bureau…

À 18 ans, il devance l'appel et monte à Paris. Il écume les salles de rédaction et, en 1951, il vend son premier dessin à *Sud Ouest*. Sa rencontre avec Goscinny coïncide avec les débuts d'une fulgurante carrière de « dessinateur de presse ». Avec le Petit Nicolas, il campe une inoubliable galerie de portraits d'affreux jojos qui tapissent depuis notre imaginaire. Parallèlement aux aventures du petit écolier, il débute à *Paris Match* en 1956 et collabore à de très nombreuses revues.

Son premier album de dessins paraît en 1962 : *Rien n'est simple*. Une trentaine suivront, chefs-d'œuvre d'humour traduisant à merveille sa vision tendrement ironique de nos travers et des travers du monde.

Créateur de Marcellin Caillou, de Raoul Taburin, ou encore de Monsieur Lambert, il allie son talent d'observateur à un formidable sens du dérisoire qui font de lui depuis quarante ans l'un des plus grands dessinateurs français.

Outre ses propres albums, il a illustré *Catherine Certitude,* de Patrick Modiano, ou encore *L'Histoire de Monsieur Sommer,* de Patrick Süskind.

Sempé est l'un des rares dessinateurs français à illustrer les couvertures du très prestigieux *New Yorker* et, aujourd'hui, il fait sourire des milliers de lecteurs régulièrement dans *Paris Match*...

- Bibliographie -

Éditions Denoël

Rien n'est simple (1962)
Tout se complique (1963)
Sauve qui peut (1964)
Monsieur Lambert (1965)
La Grande Panique (1966)
Saint-Tropez (1968)
L'Information consommation (1968)
Marcellin Caillou (1969, 1994)
Des hauts et des bas (1970, 2003)
Face à face (1972)
Bonjour, bonsoir (1974)
L'Ascension sociale de Monsieur Lambert (1975)
Simple question d'équilibre (1977, 1992)
Un léger décalage (1977)
Les Musiciens (1979)
Comme par hasard (1981)
De bon matin (1983)
Vaguement compétitif (1985)
Luxe, calme et volupté (1987)
Par avion (1989)
Vacances (1990)
Insondables mystères (1993)
Raoul Taburin (1995)
Grands rêves (1997)
Beau temps (1999)
Le Monde de Sempé - vol. I (2001)
Multiples intentions (2003)

Le Monde de Sempé - vol. II (2004)
Monsieur Lambert, suivi de *L'Ascension sociale de Monsieur Lambert* (2006)
Sentiments distingués (2007)

Éditions Denoël / Éditions Martine Gossieaux
Sempé à New York (2009)
Enfances (2011)
Bourrasques et Accalmies (2013)

Éditions Martine Gossieaux
Saint Tropez Forever (2010)
Un peu de Paris et d'ailleurs (2011)

Éditions Gallimard
L'Histoire de Monsieur Sommer (avec Patrick Süskind) (1991)
Catherine Certitude, Sempé et Modiano (1998)
Un peu de Paris (2001)
Un peu de la France (2005)

Maquette : Martine Gossieaux et Floriane Ricard

Photogravure : STIP'ART
Achevé d'imprimer par GPS en Slovénie en mars 2014

Dépôt légal : avril 2014

N° d'éditeur : 2-912732
ISBN : 978-2-915732-63-4